KB268094

감정도 식물처럼 자란다

감정도 식물처럼 자란다

초판발행일 | 2026년 3월 20일

지 은 이 | 김지연
펴 낸 이 | 배수현
디 자 인 | 강경진
홍   보 | 배예영
물   류 | 이슬기
문   의 | 안미경

펴 낸 곳 | 가나북스 www.gnbooks.co.kr
출 판 등 록 | 제393-2009-000012호
전   화 | 031) 959-8833(代)
팩   스 | 031) 959-8834

ISBN 979-11-6446-147-9 (03190)

가나북스

감정도
식물처럼 자란다

김 지 연 지음

가나북스

프롤로그 | 마음이 자라는 시간

마음이 복잡해질수록 표현은 흐릿해지고,
침묵은 점점 짙어집니다.
많은 사람들이 감정을 드러내야 비로소 존재하는 것이라
여기지만, 저는 오히려 꺼내지 못한 감정 속에도 진짜 마음이
머물러 있다고 믿습니다.

식물은 말하지 않지만,
햇빛을 향해 몸을 기울이고,
뿌리를 내릴 자리를 조용히 선택합니다.
감정 역시 마찬가지입니다.
입 밖으로 흘러나오지 않아도,
마음속에서는 계속해서 작은 움직임을 이어가죠.

그래서 때로는 표현보다 이해가 먼저,
설명보다 잠시 머물러 바라보는 시간이 필요합니다.
감정도 식물처럼, 억지로 피우기보다

프롤로그 | 마음이 자라는 시간

스스로 드러날 순간을 기다릴 때가 있으니까요.

우리는 각자의 리듬으로 느끼고,
각자의 속도에 맞춰 감정에 이름을 붙입니다.
어떤 감정은 곧바로 눈물이 되어 흐르고
어떤 감정은 오래 마음속을 맴돌다.
늦은 계절에야 조심스럽게 싹을 틔웁니다.

이 책에서는 감정을 서둘러 설명하고 정의하지 않으려 합니다.
대신 자신의 감각을 통해
스스로를 이해해가는 시간을 건네고 싶습니다.

감정은 표현될 수 있지만,
표현되어야만 존재하는 것은 아닙니다.
당신 마음의 온도와 빛, 그 고유한 속도를 존중하며.

쉴 수 있는
내가 되기까지

쉼 / 초록 / 산세베리아 / 그늘 명상

창가에 놓인 산세베리아의 짙은 초록 잎을 바라보다가
문득 이런 생각이 들었어요.
초록은 쉼의 색이구나.
아무것도 하지 않아도 조용히 숨 쉬는, 그 색처럼
나도 그냥 존재해도 괜찮다는 걸 말해주는 것 같았어요.

잎은 말이 없었지만,
조용히 나를 바라봐 주는 느낌이었어요.
지금의 나를 판단하지도, 다그치지도 않고
그저 '여기 있다'고 말해주는 존재.
그 시선이 낯설지 않았던 건,
이미 오래전부터 그런 방식으로 곁에 있어 온 식물이 떠올랐기
때문이에요.

산세베리아는 참 특별한 식물이에요.

흙이 메마르고 햇빛이 부족해도 쉽게 무너지지 않아요.
겉으론 말라 있는 듯 보여도, 잎 속 깊은 곳엔
자신을 지키는 수분과 에너지를 간직하죠.
잎 속에 물을 저장한 채, 묵묵히 버티며 회복하는 식물이에요.

줄무늬가 또렷한 잎이 마치 고요한 칼날처럼
하늘을 향해 뻗어 있었죠.
겉보기엔 생기를 잃은 듯했지만, 그 짙은 초록빛 속엔
아직도 살아 숨 쉬는 단단함이 고요히 남아 있었어요.
이미 말라버렸다고 생각했던 식물이,
여전히 그 자리를 지키고 있는 걸 보며
문득 나 자신이 겹쳐졌어요.

요즘 나는, 말하지 못한 무기력 속에 잠겨 있었거든요.
뭘 해도 재미없고, 모든 일이 유난히 번거롭게 느껴졌던 날들.
'무너졌다'고만 생각 했는데, 어쩌면 그건
아무도 모르게 회복 중이었던 건지도 몰라요.

우리는 종종 무언가를 해내야만 살아 있다고 느끼곤 해요.
하지만 사실은, 숨 쉬고 있다는 것만으로도

이미 살아가고 있는 거예요.

충분히 쉬고 있는 것 자체가, 변화의 시작일 지도 몰라요.

아무것도 하지 않는 시간이 오히려

가장 깊은 쉼이 되는 날도 있으니까요.

산세베리아는 겉으로 드러내지 않지만,

묵묵히 다음 계절을 준비하고 있어요.

필요한 에너지를 스스로 간직하며, 자기만의 리듬을 지키죠.

삶이 그런 날도 있다는걸,

나보다 먼저 보여주고 있었어요.

처음엔 그저 '키우기 쉬운 식물'이라 생각했는데,

지금은 알아요.

무너지지 않고 살아있다는 것만으로도,

얼마나 대단한 일인지.

무기력함이 깊어지면,

사람은 단순한 움직임조차 쉽게 내디디지 못할 때가 있어요.

눈을 뜨고 주방까지 가는 길이

산 하나를 넘는 일처럼 느껴질 수도 있죠.

하지만 그 길을 건넜다는 건,
당신이 이미 잘 해내고 있다는 뜻이에요.

지금, 당신이 할 수 있는 일이
단지 '쉬는 것'이라면,
그것만으로 충분합니다.
지금은 '살아내는 중'이니까요.

산세베리아처럼,
당신의 마음도 느리지만 분명하게
자신만의 속도로 돌아오고 있을 거예요.
그 곁을 함께 지켜줄 식물로
산세베리아만큼 든든한 친구도 없을 거예요.

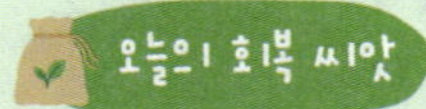

'멈춤 1분' 허락하기

오늘 하루에 딱 1분,

눈을 감고 아무것도 하지 않는 시간을 만들어 봐요.

생각을 비우려 하지 않아도 되고,

호흡을 깊게 하려 애쓰지 않아도 괜찮아요.

그저 '나 지금 쉬고 있어'라고만 인식하는 거예요.

이 1분은 무기력한 나를 몰아세우지 않고

그대로의 나를 바라보는 연습이 될 거예요.

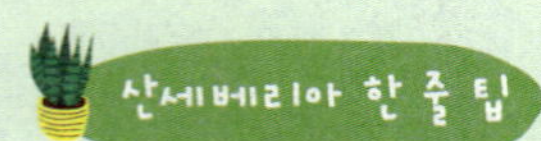

길고 단단한 잎에 물을 간직하듯,

산세베리아는 묵묵히 삶의 에너지를 비축해요.

그러니 잦은 물보다 차분한 기다림으로 키워주세요.

표면의 흙이 말랐을 때 물을 주어도

충분히 잘 자라는 식물이에요.

"숨을 편히 고를 수 있는 나만의 공간.
창가 한편에서 식물과 나란히
마주하는 시간을 가지기 시작했어요.
산세베리아의 초록빛이 차분함을 주며,
마음에 위로를 건네주는 것 같았어요."

밤에도 산소를 내뿜는 산세베리아.
숨이 막히는 듯한 하루 끝,
답답하게 얽힌 내 마음에 작은 바람이 불어왔어요.
하루 종일 쌓였던 후회와 불안이 공기처럼
무겁게 내려앉은 공간에,
산세베리아의 초록빛이 고요하게 머물러 주었달까요.

작은 식물 하나가 숨 막히는 답답한 마음을
단번에 풀어주었다고 말하긴 어려워요.

하지만 산세베리아는 실제로 공기를 정화하는 힘이 있어요.
작은 초록의 존재가 곁에 있는 것만으로도
내 마음이 조금은 맑아지는 느낌이 들었죠.

햇살이 잘 스며드는 창가 자리는 제가 가장 아끼는 장소에요.
눈길이 닿는 곳에 작은 식물 하나 놓아두었을 뿐인데,
오늘 하루를 견딜 이유가 되어 주더군요.

그렇게 내 마음에 작은 감정 정원이 만들어졌어요.
산세베리아를 바라보며
마음에 안정감을 느끼는 날들이 늘어났거든요.
자연스럽게 나만의 휴식을 만끽할 수 있는 장소가
만들어진 거죠.

매일 찾아갈 곳이 생겨서일까
그곳에서는 아무것도 하지 않아도,
아무런 생각도 하지 않게 되어서 편안했어요.
사실 산세베리아는 손을 많이 타지 않기에
매일 들여다볼 필요가 없는 식물이에요.
그럼에도 굳이 이유를 만들어가며

그 앞에 앉아 마음을 가다듬었죠.

조금 더 자란 것 같은 초록 잎을 보며
'너 참 대견하다' 해주었어요.
식물 하나를 돌보며 마음의 숨구멍이 생겼달까요.
그 앞에 앉아있는 나만의 시간이 어느새 익숙함이 되었고
작은 습관이 하루를 이끌어주는 루틴이 되었어요.

늘 같은 자리에서 조용히 서 있는 모습을 보며
'너도 외롭니?' 하고 묻고 싶어졌거든요.
그리고 하루하루 눈에 띄게 자라는 모습을 보면서
'나도 너처럼 잘 버티고, 잘 자라고 있는 중이겠지' 하며
스스로를 다독이게 되었어요.

예쁘게 꽃을 피우는 식물도 아니었고,
멋스럽게 꾸며둔 화분도 아니었지만,
조건 없이 내 곁을 지켜주는 것,
그것만으로도 충분히 고마운 위로였어요.

내 마음의 감정 정원.

감정의 파편들을 잎처럼 모아
한 그루의 나무 그늘을 만들어 보기로 했어요.

그늘 아래에서 숨 고르듯,
내 마음도 잠시 쉬어갈 수 있도록 말이에요.

마음의 휴식처는 멀리 있는 게 아니라,
식물 하나 옆에 놓이는 나의 숨결 같은 것.
오늘 당신의 하루에도
깊고 짙은 초록을 놓아보길, 조심스레 권해봅니다.

마음 속 정원을 가꿀 준비가 되었을까요?

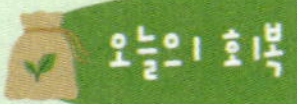

건넸던 마음을 나에게도 돌려보기

"너 참 대견하다"라고 식물에게 말했던
그 마음을 오늘의 나에게도 살짝 전해보세요.
그 말이 익숙하지 않다면
"오늘 이 정도면 충분해"
정도로 시작해도 괜찮아요.

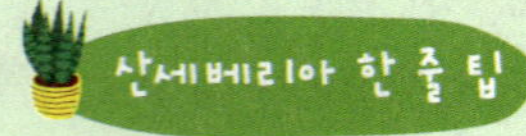

산세베리아는 밤사이 이산화탄소를 들이마시고
산소를 내뿜는답니다.
침실에 놓아두기 좋은
식물로 숙면에 도움이 되어요. 내가 가장 자주,
오래 머물러 있는 공간에 놓아두시는 걸
추천해요.

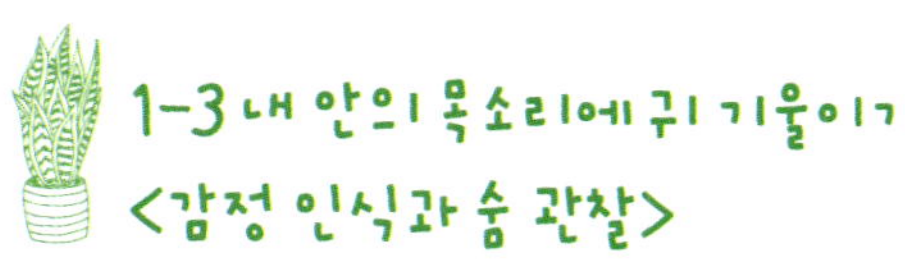

1-3 내 안의 목소리에 귀 기울이기
<감정 인식과 숨 관찰>

"아무렇지 않은 척 견뎌내는데 익숙해진 마음에게도
언젠가는 신호가 찾아와요.
작은 아픔을 무시하면 몸이 먼저 반응하듯,
마음도 어느 순간 잎 끝을 시들게 하며
자신의 상태를 말하고 있었어요."

내 마음의 목소리에 귀 기울여본 적 있으신가요?
우리는 바쁜 일상 속에서
가장 중요한 신호일지도 모를 작은 소리를 놓치며
살아가곤 해요.
이 장에서는 그 소리가 아주 작더라도
부드럽게 귀 기울이는 방법을 함께 살펴보려 해요.

모든 식물은 자기만의 방식으로 상태를 알려줘요.
수분이 부족하면 잎 끝을 말리고,

반대로 과한 물을 받으면 뿌리가 약해져 자라지 못하죠.
때론 초록빛을 숨기고 갈변하기도 하고,
또 어떤 날은 새순을 틔우며 전혀 다른 신호를 보내기도 해요.

산세베리아가 색과 모양으로
자신의 현재를 묵묵히 알려 주듯
우리의 몸과 마음도 수시로 작은 메시지를 건네고 있었어요.
괜찮지 않은데 괜찮다고 버텨온 시간 끝에서
묻어두었던 감정이 더는 조용히 있지 않겠다는
신호를 보내는 거죠.

회사나 조직, 혹은 가장 가까운 관계에서도
크고 작은 상처는 자연스럽게 생겨나요.
갈등을 피하려 감정을 숨기고 맞춰주는 일이 늘어날수록
나는 천천히 나 자신에게서 멀어지고 있었던 거예요.
당연히 참아내야 한다고만 생각했으니까요.

평소보다 유난히 무기력하다면
"지금은 쉬어야 해요."
가슴이 조여 온다면

"표현할 틈이 필요해요."
자주 불안하다면
"안정감을 다시 채워야 해요."
라고 마음이 말하는 걸지도 몰라요.

이 신호를 억지로 해석하려 들면
오히려 혼란스러워지기도 해요.
이럴 땐 한 걸음 떨어져
"지금 나는 어떤 상태일까?" 하고
조용히 바라봐 주는 게 더 도움이 돼요.
내 안의 목소리를 들을 줄 알게 된다면
마음의 작은 찰과상도 더 빨리 알아채고
달래 줄 수 있으니까요.

가끔 마음이 너무 복잡해지면
어떤 감정이 내 안에 가장 크게 자리 잡았는지도 모르죠.
그럴 땐, 가만히 흐르는 숨에 귀 기울여 보세요.
식물이 빛과 온도를 감지하며 자신의 상태를 알아차리듯,
우리도 잠시 멈춘 순간에야
'지금 내가 어떤 마음으로 여기에 있는지'를 느낄 수 있어요.

떠오르는 생각이나 감정은

구름처럼 흘러가도록 두어도 괜찮아요.

붙잡아 판단하지 않아도 그저 지나갈 수 있어요.

산세베리아의 변화 신호를 살피듯

우리도 마음의 소리를 조금 더 다정하게 들을 수 있을 거예요.

한 걸음 멈추어

지금의 나를 바라보는 연습을 시작해 볼까요?

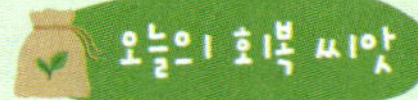

작은 들숨·날숨

잠시 자리에 멈춰 앉아 '숨 관찰'을 해보세요.

마음의 신호를 더 깊게 들을 수 있도록 도와주는

가장 단순하면서도 깊은 방법이에요.

    1. 코로 천천히 숨을 들이마시고

    2. 입으로 아주 길게 내쉬며

    3. 눈을 감고, 발바닥 손바닥 신체 부위의

       감각에 집중해 보세요.

    4. 머릿속에 스치는 생각과 감정은

       붙잡지 않아도 괜찮아요.

산세베리아의 잎 끝을 살피듯 숨의 자리에 머물다

보면 지금의 내 상태가 어떤지 조금 더 선명하게

들리기 시작할 거예요.

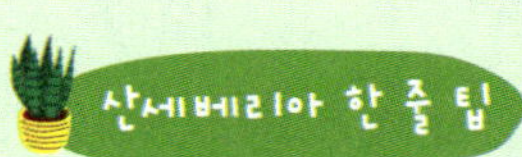

산세베리아는 햇빛, 온도, 습도, 통풍 상태에 따라

잎의 색과 모양이 변해, 자신이 필요로

하는 영양분을 알려주는 식물이에요.

1-4 멈춰야 자라나는 감정도 있다.
<겉과는 다른 내면의 성장>

"씨앗은 오랜 시간, 땅 깊은 곳에서 고요히 잠들어 있어요.
아무도 모르는 사이, 더 깊이 뿌리내리고 보이지 않는 곳에서
생명의 꿈을 키워요.
그 침묵의 시간들이 모여,
어느 날 내면의 정원에 살며시 작은 새싹을 틔울 거예요."

산세베리아도 씨앗부터 시작해요.
뿌리를 내리는 시기를 지나야만,
줄기를 곧게 뻗어낼 수 있거든요.
햇빛을 좋아하는 식물이지만,
자라기 전엔 어둡고 눅눅한 흙 속에서
오랜 시간을 보내기도 하죠.

흙에 묻힌 씨앗은 조용해요.
그러나 그 안에선 가장 많은 일이 일어나고 있어요.

껍질을 깨고, 방향을 정하고, 뿌리를 틔울 준비를 하는 시간.
겉으론 아무 일도 없는 것 같지만,
새로운 희망이 자라고 있답니다.

우리는 종종 멈추는 시간이 성장에 방해가 된다고
생각하지만, 사실 내면의 힘을 길러가는 중요한 준비 기간이
될 수 있어요.
식물이 잎을 떨구고 숨을 고르는 시간을 가지듯,
보이지 않는 멈춤의 시간은
다음 성장을 준비하는 과정이 되어요.

우리의 마음도 마찬가지예요.
아무것도 하지 못하는 무력감에 휩싸여 있지만
고요히 피어날 준비를 하고 있는 거죠.

땅속에서 뿌리가 더 깊어지고,
보이지 않는 자리에서 서서히 싹을 틔우듯,
눈에 보이지 않는 그 시간은 절대로 헛되지 않아요.

멈춘다는 건 끝이 아니에요.

오히려, 더 멀리 나아가기 위한 첫걸음이 될 수 있어요.
지금 내가 쉬고 싶은 이유도 어쩌면 그와 비슷할지 몰라요.
나아가지 못하는 게 아니라, 잠시 깊은 호흡을 하는 중.
감정을 억누르지 않고, 그냥 흐르게 두는 하루들이
당신의 마음이 다시 자라기 위한 시간이 되어주고 있어요.

아무것도 하지 않았던 그 하루가,
사실은 가장 바쁘게 조용한 내면의 안식처를 이룬 하루였을
거예요.
우리는 바쁨으로 존재를 증명하려 하지만,
살아 있다는 건 꼭 움직여야만 하는 건 아니랍니다.

당장 보이는 자람이 없다 해도,
당신 안의 뿌리는 여전히 살아있어요.
당신이 쉬고 있는 지금 이 자리에서도 새로움을 틔우기 위한
초록빛 새싹이 부지런히 만들어지고 있다고
믿어 줄 필요가 있어요.

그러니 너무 자책하지 않아도 괜찮아요.
당신이 아무것도 하지 않는 시간 속에도

회복은 조용히 자라고 있으니까요.

지금은 보이지 않지만, 이미 자라고 있다는 믿음이
우리를 앞으로 나아가게 만들어요.
보이지 않는 씨앗에서 새순을 틔우는 산세베리아처럼
내 마음속 씨앗이 밟고 있을 성장의 단계를 기다려 봐요.

오늘 내 마음은 씨앗 껍질을 깨는 중일까요,
뿌리를 뻗는 중일까요?

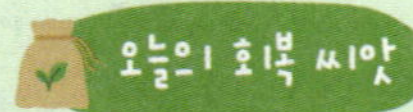

잠시 그대로 두기

잠깐 멈춰서
지금 마음을 설명하려 들지 않아도 괜찮아요.
좋은지 나쁜지,
맞는지 틀린지 따지지 말고
그 상태 그대로 두세요.
오늘은 버티고 있는 마음을 건드리지 않는
하루로 충분해요.

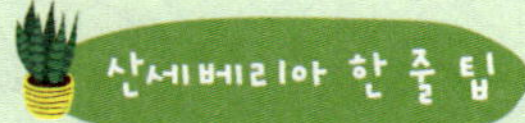

흙 속 깊은 곳, 씨앗의 침묵처럼. 산세베리아는
눈에 띄지 않아도 가장 중요한 생명의 준비를
시작합니다. 그렇게 조용히, 그러나 확실히 당신의
공간을 맑게 채워주는,
곁에 두기 좋은 친구랍니다.

1-5 계절을 닮은 나만의 리듬
<각자의 속도와 주기>

"산세베리아 잎은 며칠이 지나도 눈에 띄는 변화 하나 없이
그 자리에 서있어요.
누군가 애써 그린 그림처럼 화려한 색이나 선은 없지만,
내면에서 피어나는 고요한 힘처럼,
나만의 리듬으로 깊어지는 중이에요."

창가에 변함없이 놓인 산세베리아는 스투키로 더 익숙하죠.
며칠, 몇 주를 지켜보아도 잎의 크기도 모양도
그대로인 것처럼 보이죠.
그래서 멈춘 것 같은 인상을 주기도 해요.
물도 자주 주어선 안되기에 가만히 바라보며
시간을 보내야 했죠.

마치 내 모습 같았어요.
정체된 것 같이 느껴지는 일상.

아무런 변화없이 그저 흐르는 것만 같은 느낌.
무언가를 열심히 하는 것 같지도 않고,
사람과의 관계도, 일도, 감정도
그냥 그 자리에 머물러 있는 기분이었죠.

'나, 자라고 있는 게 맞을까?' 하는 초조함이 몰려오고,
뒤처지고 있는 것 같은 두려움을
지우기 어려운 순간도 있었어요.
감정을 감추려 애써 웃고 말하는 날이 늘어갔던 어느 날,
산세베리아에 작은 변화가 찾아왔어요.

잎이 아주 조금 더 길어져 있었고
조심히 올라와 있는 새순이 보였어요.
'너, 자라고 있었구나?' 하는 기쁨이 밀려왔죠.
티 내지 않고, 조용히, 자기 리듬대로 자라난 산세베리아.

산세베리아는 느리게 자라는 게 아니에요.
변화가 없는 듯 보여도, 사실 분주히 자라고 있었던 거예요.
그건 자기에게 맞는 속도를 알고 있다는 거죠.

우리는 가끔 스스로를 다그치는 걸 멈추지 못해
단단하게 자라고 있는 나 자신을 모른 채 지나가죠.
그러니 너무 쉽게 '나는 느려' 라고 말하지 말아요.
남들보다 조용하고, 덜 눈에 띄고,
때로는 멈춘 것처럼 보일 수도 있지만,
그건 성장이 멈춘 상태가 아니에요.
내가 나로 살아가는 리듬을 맞춰가고 있는 과정일 뿐이에요.
오히려, 내면의 근육을 키우고 지혜를 쌓으며,
다음 도약을 위한 에너지를 비축하는 시간이 될 수 있어요.

산세베리아를 비롯한 모든 식물은
자기에게 맞는 성장 속도를 가지고 있어요.
겨울이 되면 몸을 움츠리고, 봄이 오면 다시 피어나기도 해요.
찬 바람을 피해 따듯한 봄 바람을 기다리기도 하죠.

오늘 하루, 당신의 속도를 다시 들여다보세요.
남들과 다르다는 건 느린 것도, 틀린 것도 아니니까요
나만의 방식으로 자라고 있다는 걸 잊지 말아요.

왜 우리는 다른 사람과 똑같은 속도로

살아야 한다고 생각할까요?

꽃을 피우기 위해 봉오리를 맺듯,

다른 사람들과 비교하며 조급해하지 않고,

나만의 리듬으로 나아가는 용기가 필요해요.

산세베리아가 다른 꽃들과 자신을 비교하지 않고

제 갈 길을 가듯이요.

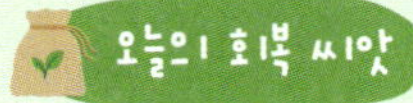

속도 느껴보기

잠시 멈춰 오늘 하루의 움직임을 떠올려요.
빠르다고 느꼈는지, 느리다고 느꼈는지,
들쑥날쑥했는지, 그저 바라보기만 해요.
그리고 속으로 한 문장을 남겨요.
'이 속도도 나의 리듬이다.'
남들과 비교하지 않고
나의 속도를 받아들이는 것으로 충분해요.

산세베리아는 봄부터 초가을까지(4~9월)에
가장 활발히 자라며, 따뜻한 온도와 적당한 햇빛을
좋아해요.
겨울철(11~2월)에는 휴면기에 들어가
성장이 거의 멈추고, 과습에 특히 취약해
물 주기를 줄여야 해요.

"어딘가로 향하지 않는다고 불안해하지 않아도 돼.
보이지 않아도 분명하게 자라나고 있으니까.
산세베리아처럼, 그리고 지금의 우리처럼."

창가에 조용히 놓인 산세베리아의 넓고 두툼한 잎은
빛을 가만히 머금어요.
촉촉하게 숨 쉬는 흙위로는 며칠 전 흘려준 물이 아직도
천천히 스며드는 중이에요.
움직이지 않는다고 멈춘 건 아니라는 듯이 말이죠.

산세베리아는 '강철 생명력'이라 불릴 정도로,
어떤 상황에서도 잘 죽지 않는 강인한 식물이에요.
물을 잊거나 햇볕이 부족하거나, 심지어 조금의 무관심에도
묵묵히 그 자리에서 자신의 '살아있음'을 유지해요.
마치 우리 삶에서 어떤 어려움이 닥쳐도

존재를 포기하지 않는 끈질김과 닮았어요.
'존재하는 것'만으로도 얼마나 대단한 일인지
보여주는 것 같달까요?

하지만 산세베리아는 단순히 살아있는 것에만
머무르지 않아요.
잎이 시들어도 물을 주면 다시 통통해지고,
심지어 작은 새 잎들을 만들어 번식하기도 하죠.

결국 산세베리아는 '그저 존재하는 것'과
'의지를 가지고 삶을 이어가는 것' 사이의 아름다운 균형을
보여주는 것 같아요.
화려하진 않지만 끈질기고, 조용하지만 꾸준히 성장하며,
어떤 환경에서도 묵묵히 자신의 자리를 지키는 모습.
그 모습에서 우리는 '살아있음'의 소중함과 '살아내는 것'의
강인함을 동시에 배우게 된답니다.

우리의 감정도 마찬가지예요.
지치고 힘들면 마음이 메마르고 힘이 없어질 수 있어요.
그럴 땐 좋아하는 음악을 듣거나, 책을 읽는 등으로 내면의

갈증을 채워줘야 해요.
햇살 좋은 곳에서 산책을 하거나,
친구와의 수다가 그 통로가 되어줄 수도 있죠.
이렇게 나 자신에게 필요한 '쉼'을 알아채고 채워주는 것을,
매일 식물에게 물을 주고 햇볕을 쬐어주듯이
'루틴'으로 만들어보는 거예요.

하루 일과 속에서 작은 루틴으로 나 자신을 돌보는 일.
처음에는 어색할 수 있지만,
그 속에서 어떤 시간에 가장 나다웠는지,
언제 마음이 숨을 쉬었는지를 확인하는 일을 시작해보세요.
신기하게도 우리 안에 아름다운 '내면의 정원'이
가꿔지기 시작할 거예요.
지치고 메마르지 않고, 늘 푸릇푸릇 생기가 넘치는
그런 정원이요.
어떤 어려움이 닥쳐도 굳건히 버텨낼 수 있는
힘을 길러보는 거죠.

정원은 단숨에 피어나지 않아요.
하지만 매일 마주하며 가꾸는 연습은 시간이 지나

단단한 뿌리가 되죠.

작고 사적인 반복들이 쌓여
내 안의 정원을 돌보는 손길이 되어요.
우리는 가끔, 아무런 변화가 없는 것 같은 조급함을 느끼지만
충분히 자라고 있었다는 걸 이제는 알아요.

'지금의 나도 어딘가를 향하고 있다'는 사실을 믿어요.
언제나 눈에 띄는 변화가 있는 건 아니지만,
반복되는 작은 실천이 어느새 나를 회복시키고 있었어요.
회복과 자라남을 매일 알아차릴 수는 없어도,
어느 날 문득, 단단해진 나를 마주하게 될 거예요.

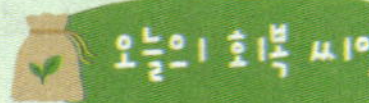

나만의 정원을 가꾸는 연습

이른 아침, 창문을 열고
햇빛과 바람을 맞아보세요.
오후에는 잠깐 눈을 감고
손바닥 끝에 머무는 온기를 느껴보세요.

이 짧은 휴식의 순간들이
생각보다 부드럽게 나를 감싸줄 거예요.

산세베리아의 두껍고 곧은 잎은 오랫동안 수분을
머금어 두며, 작은 돌봄만으로도 스스로
버텨낼 힘을 길러요. 일상의 작은 루틴이 결국 나를
지탱해주는 힘이 된다는 것과 닮아 있어요.

오늘부터 시작할 수 있는 작은 루틴 3가지

'아무것도 하지 않아도 괜찮은 나'를 받아들이는 연습

① 오전 리셋 3분

아침 9시 전후, 창문을 열고 가볍게 환기해보세요.
한 모금의 맑은 공기를 마시며 천천히 심호흡 3번.
"지금 내 감정 상태는 어떤지" 부드럽게 인식해보는 시간입니다.

② 오후 그늘 명상

오후 3시, 손을 무릎 위나 책상 위에 올려놓고
눈을 감은 채 손끝의 온도나 감각을 느껴보세요.
5분간의 고요한 쉼이, 흐트러진 리듬을 다시 중심으로 돌려줍니다.

③ 주간 루틴 점검 노트

금요일 저녁, 이번 주의 '쉼의 순간'을 떠올려 기록해보세요.

• 내가 가장 편안했던 순간은 언제였나요?

• 그때 나는 무엇을 하고 있었나요?

• 그 순간 내 마음의 속도는 어땠나요?

→ 무기력해 보였던 순간들 속에도 회복의 리듬이 숨어
  있었는지 모릅니다.
  말없는 쉼이, 가장 깊은 자람의 시간일 수 있어요.

감정의 이름을 배우는 중

긴장 완화 / 노랑 / 레몬밤 / 감정기록 + 향기인식

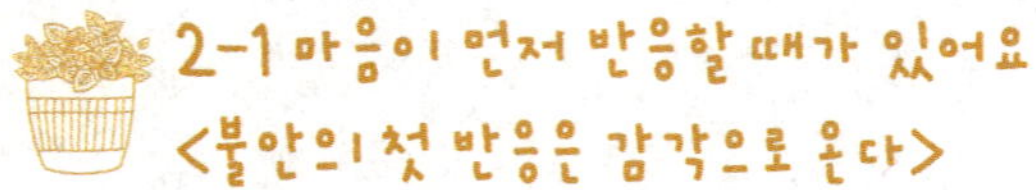

'마음이 편안해지는 허브'라는 이름이 붙은 레몬밤은,
작은 잎에서 은은한 레몬 향이 퍼져 나와요.
언뜻 연약해 보이지만 놀라울 만큼 강한 진정의 힘을 가지고
있답니다.
잎을 살짝 문지르기만 해도 향이 피어나고,
긴장한 몸과 마음을 천천히 풀어주죠.

레몬밤은 언어로 소통하지 않지만,
향과 반응으로 자신의 상태를 알려줘요.
작은 자극에도 향이 퍼지는 모습을 보고 있으면
사람과 참 닮았다는 생각이 들어요.
스트레스를 받으면 속이 울렁거리거나
심장이 터질 것 같이 두근거리기도 하잖아요.

많은 사람들이 이런 감정을 제대로 인식하지 못한 채

그저 '예민한 날인가 보다' 하고 넘겨버리게 되죠.
저 역시 마찬가지였어요.

요즘 들어 자주 가슴이 답답하거나,
별일 아닌데 심장이 쿵 내려앉는 느낌이 드는 날이 있었어요.
머리는 괜찮다고 하는데,
감각은 '지금 뭔가 불편하다'는 신호를 보내고 있었죠.

손끝이 떨리고,
숨을 크게 쉬고 싶은데 잘 안 쉬어지고,
가만히 있는데도 이유 없이 긴장이 풀리지 않는 날.

불안은 마음의 문제인 줄만 알았는데,
사실은 감각이 먼저 비명을 지르고 있었던 거예요.
우리가 미처 인식하지 못한 감정을 알아챈 거죠.

그날도 그랬어요.
출근길 버스 안, 창밖 풍경을 멍하니 바라보다가
가방 안쪽에서 읽고 있던 책 한권을 꺼냈어요.
책장을 넘기다 마주친 레몬밤 잎.

살짝 구겨진 잎을 조심스럽게 꺼내 손끝으로 문지르자
풀 향기 섞인 은은한 향이 코끝을 스쳤어요.
가만히 그 향기에 집중하기 시작했고,
얼마 지나지 않아 숨이 얕아졌다는 걸 깨달았죠.

숨을 내쉬며 문득,
내 몸은 이미 오래전부터 '괜찮지 않다'고 말하고 있었단 걸
알게 되었어요.
몸이 마음보다 먼저 반응했다는 걸 그제야 알았고,
반응을 탓하기보다 이해하려고 했어요.
불안은 나쁜 게 아니라,
몸이 먼저 보내는 '도와줘'라는 말이었을지도 모르니까요.

감각이 차츰 차분해졌다면 감정을 다스려 보면 좋아요.
머리 꼭대기부터 발끝까지 차례차례
"지금 너는 어떻게 느끼니?" 하고 물어봐 주는 거예요.

"지금 내 몸은, 내 감정은 어떤 상태일까?"
질문을 던지고, 천천히 스스로를 받아들여보는 시간.
그것만으로도 몸은 완벽히 다른 반응으로

새 하루를 시작하게 만들어 준답니다.

불안은 내 일부이지만, 전부는 아니에요.

오늘 하루, 몸이 먼저 반응했던 순간을 떠올려
보세요. 갑자기 어깨가 굳어졌던 때, 숨이 짧아졌던
순간처럼요. 그때 내가 어떤 상황에 있었는지
짧게 메모해 봅니다.

이건 감정을 해석하려는 연습이 아니라, 감정보다
먼저 나타나는 감각을 알아차리는 연습이에요.

어느 부위가 긴장했는지 느껴진다면,
그곳에 손을 올리거나 숨을 천천히 보내보세요.
서둘러 없애려 하지 말고, 잠시 함께 있어보는
거예요. 감각에 머무는 것만으로도 몸은 조금씩
반응하기 시작합니다.

레몬밤은 불안을 잠시 내려놓게 도와주는
식물이에요. 잎에 담긴 향기만으로도, 몸이 먼저
말해온 신호를 다정히 받아들일 수 있어요.

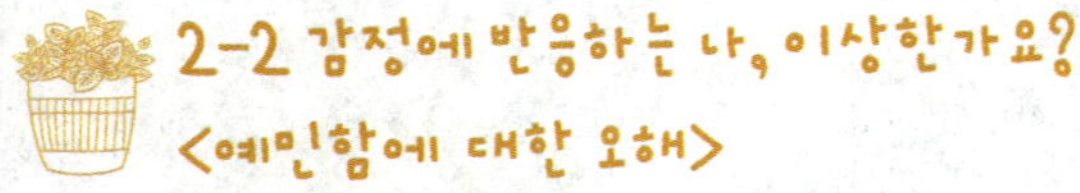

어느 날 창가의 레몬밤을 바라보다가 문득 생각했어요.
'저 식물은 왜 모든 자극에 반응하지 않을까?'

레몬밤은 하루 중 해가 움직이는 방향에 따라
잎의 면을 살짝 돌려 햇살을 더 오래 받으려 해요.
모든 자극에 반응하지는 않지만,
자기에게 꼭 필요한 변화에는 조용히 반응하죠.

크게 움직이지 않아도,
아침과 저녁 잎의 방향이 다르다는 걸 알고 나니
식물도 자기만의 방식으로 살아가고 있구나 싶었어요.
그저 묵묵하게, 스스로를 위한 태도로요.

잔잔한 바람에 살짝 흔들리다가도
금세 잎을 가라앉히는 모습.

예민해 보이지만 소란스럽지 않은,
섬세함을 가진 존재처럼 느껴졌어요.

그 모습을 오래 바라보다 보니
'예민하게 반응하는 것'이 꼭 나쁜 것만은 아닐지도 모른다는
생각이 들었어요.
감정에 예민하다는 건,
마음의 온도가 풍부하다는 뜻일지도 모르니까요.

하지만 나는,
예민함이 자꾸 불편했어요.
누군가의 말투 하나, 바뀐 분위기, 작게 흘린 한숨에도
마음이 출렁이고 생각은 쉬지 못했거든요.
별일 아닌 듯 넘기고 싶어도,
감정은 빠르게 내 안을 가득 채웠어요.
감정보다 먼저 낙인이 자리잡았죠.

"너 좀 예민한 거 아냐?"라는 그 말이 박히고 박혀
감정을 느끼기도 전에 먼저 해석하고 눌러두게 됐죠.
예민하다는 말을 들을 때마다,

괜히 내가 문제있는 사람처럼 느껴지기도 했고요.

조용히 자리를 지키던 레몬밤 잎 하나가 보여준 묵묵함이
내 마음속에 켜져있던 노란 경고등을 조용한 등불로 바꿔준
것 같아요.

감정을 억누르는 대신,
섬세하게 들여다보고 조용히 껴안을 수 있는 힘.
그걸 이제서야 조금씩 배우는 중이에요.

예민함은 나쁜 게 아니었어요.
내 감정을 잘 알아채는 능력이었고,
남들이 지나치는 것들을 알아차릴 수 있는 섬세함이었어요.
나를 더 잘 돌보게 해주는 감각이었죠.

그래서 이제는
'예민한 나'가 아니라
'감정을 잘 알아차리는 나'로
다시 말해보기로 했어요.

언어를 바꾸면,

그 말에 담긴 나에 대한 시선도 조금씩 달라지니까요.

나를 설명할 때 자주 쓰던 '부정적인 말' 하나를 골라보세요.

그리고 그것을, 나를 더 이해하고 따뜻하게 바라보는 말로

바꿔보는 거예요.

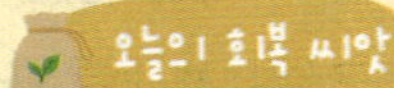

나를 다시 부르는 문장
'나는 너무 예민해.'
그 문장을 오늘만큼은 이렇게 바꿔 불러보세요.
'나는 감정에 민감하고 섬세한 사람이야.'

종이에, 혹은 마음속에
"지금, 나는 _______ 사람이야."
이 문장을 완성해 보고, 오늘 하루 동안 천천히
속으로 반복해보세요.
오늘의 나를 지켜주는 말이 되어줄 거예요.

레몬밤은 햇살의 방향을 따라 천천히 잎을 움직이
며 자기만의 속도로 빛을 받아들여요.
모든 자극에 반응하지 않지만, 자신에게 꼭 필요한
변화에는 응답하는 식물이에요.

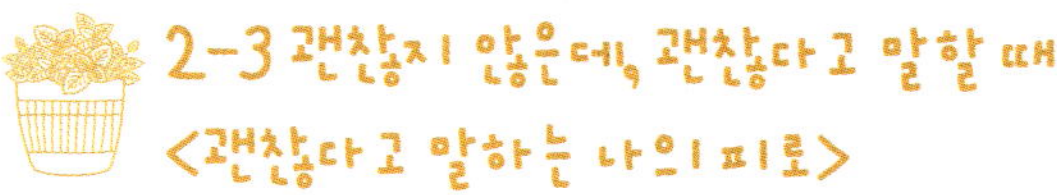

"빛과 바람, 온도의 변화를 조용히 감지하며
향기로 주변 공기를 부드럽게 감싸는 식물, 레몬밤."

레몬밤은 외부 자극에 쉽게 흔들리지 않지만,
속에서는 조용히 향을 품고 있어요.
겉으론 잎 하나 꿈쩍 안는 듯 보여도,
햇살이 닿는 순간 잎맥 안에서 향이 천천히 퍼지죠.
자기 안에 담긴 것을 티 내지 않고
소란스럽지 않게, 하지만 분명하게 내어놓죠.

그런 모습을 바라보며 문득 깨달았어요.
나는 요즘, 너무 자주 '괜찮다'고 말하고 있었구나.

지쳐 보이는 나에게
괜찮냐고 묻는 사람들 앞에서

괜찮지 않았지만 웃어 보였고,
"아프지 않아", "이 정도면 견딜만해" 하면서
감정을 꾹꾹 눌러두곤 했어요.
'다들 이 정도는 감당하잖아.'
'나만 유난 떨면 안 되지.'
그런 생각으로 나조차 나를 설득하며
감정의 작은 파동을 외면했죠.

그러다 보니 어느 순간,
진짜 내 마음이 뭔지조차 잘 모르겠더라고요.
감정은 사라지지 않았고,
오래된 피로감만 차곡차곡 쌓여 있었어요.

그럴 때마다 창가의 레몬밤이 떠올라요.
겉으로는 조용하지만
햇살이 닿을 때마다 스스로를 회복하는 식물.
그 조용한 회복 루틴이 나에게도 필요하다는 걸 느꼈어요.

그래서 조금씩 내 감정을 관찰하기 시작했어요.
'지금 무슨 감정이 지나가고 있지?' 하면서요.

내 안의 변화를 감지해보기로 한 거예요.

처음에는 낯설었어요.
감정을 들여다보는 일이, 괜히 더 피곤해지는 건 아닐까 걱정
되기고 했고요.
그래도 거창하게 시작하진 않았어요.
그날 있었던 일을 조용히 한두 줄 적어보는 것부터였어요.

하루의 끝에서, 조용히 마음에게 물어보는 거예요.
"그때, 정말로 하고 싶었던 말은 뭐였지?"
괜찮지 않은 날에도 괜찮다고 말했던 내 마음을
오늘만큼은 조금 다르게 안아주기로 해요.

"오늘 좀 힘들었어. 그래도 잘 견뎠어."
"그래, 지금 이 마음도 괜찮아."
"이렇게 나에게 말을 건네는 내가 참 다정하다."

익숙하게 '괜찮아'라고 말하던 하루를
잠시 멈춰보세요.
대신 당신이 정말 듣고 싶었던 말을

자신에게 건네보는 거예요.
그렇게 써내려간 문장 하나가
내일의 나를 더 단단하게 감싸줄지도 몰라요.

나에게 건넨 다정한 언어들이 모이고 쌓이면
당신만의 회복 루틴이 될 거예요.
마음이 가장 솔직해지는 시간에,
스스로에게 가장 따뜻한 말 한 줄을 선물해 주세요.

하루의 끝에서 마음에게 묻기
오늘 하루 중 가장 기억에 남는 일들을
조용히 한두 줄만 적어보세요.
잘 정리하려 하지 않아도 괜찮아요.

그리고 스스로에게 이렇게 물어보는 거예요.
"오늘, 내 마음에 가장 오래 머물렀던 감정은
뭐였을까?"
익숙하게 말해오던 '괜찮아' 대신, 당신이 정말 듣고
싶었던 말을 자신에게 조용히 건네보세요.

레몬밤은 겉으로는 조용하지만, 햇살이 닿는 순간
스스로를 회복하며 향을 퍼뜨려요.
자신에게 닿는 빛에만 천천히 응답하는
식물이에요.

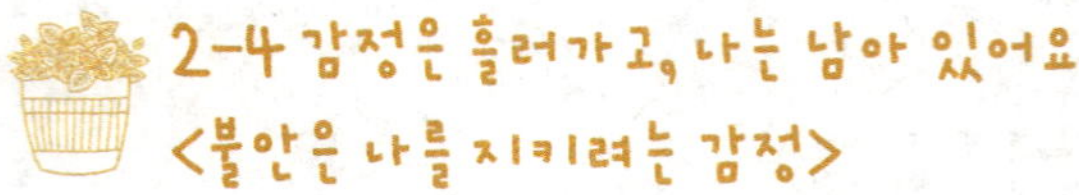

2-4 감정은 흘러가고, 나는 남아 있어요
<불안은 나를 지키려는 감정>

저녁이 되면, 하루의 긴장이 어깨에 고스란히 남아 있어요.

아무 일 없던 것처럼 마무리한 하루였지만,

왠지 모르게 기운 빠지고 마음이 가라앉는 밤.

이유 없는 불안이 나를 가득 채우는 시간.

자리에 누웠지만 한참을 뒤척였어요.

아무 일도 없었는데도,

자꾸만 긴장하게 되는 마음을 떨칠 수 없었죠.

그럴 때면 조용히 레몬밤 차를 우려내곤 했어요.

달큰하면서도 쌉쌀한 향이 천천히 퍼지면서

내 안에 단단히 뭉쳐 있던 긴장을 조금씩 풀어주는 듯했어요.

레몬밤은 신경을 안정시키고

불안의 흐름을 부드럽게 바라보게 도와주는 식물이에요.

말없이, 조용히, 그러나 분명하게
자기만의 방식으로 주변에 반응하며
스스로를 지켜내며 살아가고 있죠.

그렇게 마음을 데운 밤 이런 생각이 들었어요.
불안은 내 마음의 정원에 새로 들인 식물 같다는 거예요.

처음엔 조그마한 묘목 같았지만 조금만 바람이 불어도
흔들리고, 작은 두려움에도 쉽게 움츠러들던 감정.
그런 나 자신이 답답해 보이기도 했어요.

하지만 요즘은 그런 순간마다 감정에서 한 걸음 멀어져
보기로 해요.
"나는 이 감정이 아니라, 이 감정을 바라보는 나야."
그렇게 감정을 억누르지 않고, 흘러가게 두기로 했어요.

한참이 지나서야 알게 되었어요.
불안은 나를 괴롭히려는 게 아니라,
'조심해, 지금은 너 자신을 더 살펴야 해'
하고 알려주려는 마음이었다는 걸요.

너무 오래 머물면 지치지만,
때로는 나를 가장 먼저 지켜주는 감정.
불안은 그런 역할도 하고 있었어요.

감정은 억지로 다루려 하면
오히려 더 날카로워지곤 해요.
흘러갈 감정은 흘러가게 두고,
흐르지 못하는 감정은 그 자리에 머물러도 괜찮아요.
언젠가는 그 한가운데에서,
고요하게 숨을 돌리는 순간이 찾아오더라고요.

오늘도 하루의 감정을 조용히 바라보는 연습을 해봐요.
레몬밤 차처럼 마음을 부드럽게 감싸주는 시간을
가져보는 거죠.
따뜻하고 시원한 무언가를 마시며,
"지금 이 감정은 어떤 메시지를 담고 있었을까?"
나에게 물어보는 거예요.

어쩌면 불안은,
나를 더 잘 지키고 싶었던 마음이었는지도 몰라요.

오늘의 불안도,

그저 나를 아끼기 위한 반응이었다고

조용히 마음에게 건네줄 수 있다면,

그것만으로도 우리는 한 걸음 나아간 거예요.

그런 내 마음을, 오늘은 조금 더 믿어주기로 해요.

오늘 하루를 마무리하며,
잠들기 전 단 5분만이라도
따뜻한 차 한 잔과 함께
나를 조용히 안아주는 시간을 가져보세요.

불안했던 순간들,
스스로를 지키기 위해 애썼던 그 마음을
조금 더 다정하게 바라봐주는 밤이면 충분해요.

레몬밤은 긴장을 조용히 풀어주며 신경계를
부드럽게 안정시키는 허브예요.
향을 통해 불안의 흐름을 바라보게 도와주고,
감정을 억누르지 않고 흘려보낼 수 있도록 곁에서
조용히 반응해주는 식물이랍니다.

레몬밤은 향기로 마음을 건네듯
햇살을 만나면 자신을 조금씩 꺼내 보여줘요.
소리 대신 향으로 감정을 전하는 식물이에요.

그 잎 하나하나가 나에게 말을 건네는 것 같았어요.
"지금, 이 순간도 괜찮아. 숨 좀 돌려도 돼."

레몬밤 잎을 살짝 문지르면 퍼지는 은은한 레몬 향에는
마음을 가라앉히는 힘이 있어요.
강하지 않고, 잔잔하고 부드러워서
따뜻한 숨결처럼 긴장을 조금씩 풀어주죠.

햇살에 비친 초록빛과 바람에 번지는
씁쓸하고 달콤한 노오란 향이 나를 이완시켜줘요.

하루 종일 긴장 속에 붙잡혀 있던 마음이
레몬밤의 향을 따라 천천히 풀어져요.
강요하지 않고, 조용히 머물다 가는 향.
누군가 옆에 와서
"그만 힘줘도 괜찮아."하고 말해주는 사람처럼 느껴져요.

향기를 맡는 후각은 뇌의 감정 중추와 가장 가까운
감각이에요.
향을 맡는 순간, 머리보다 마음이 먼저 반응하죠.
그래서 향은 기억보다 빠르게 마음속 문을 먼저 열어줘요.

가끔 여행지에서 사온 향수를 꺼내 뿌리면
그날의 햇살, 거리의 공기, 대화
그 순간의 감정이 고스란히 떠오르곤 했어요.
마치 마음을 저장한 유리병 같았죠.

레몬밤의 향도 그렇게 나를 어루만져요.
햇살이 비칠 때마다 번지는 풀 향.
향을 맡고 나면, 마음에 노란 불이 하나 켜지는 것 같아요.
눈에 띄지 않을 만큼 작은 잎이지만,

존재만으로 공간의 온도가 달라지죠.

감정을 떠올리는 것조차 버거웠던 저녁,
나는 그 마음에 노란빛 이름을 붙여주기 시작했어요.

노란색은 마음보다 빠르게 반응하는 감각의 색.
불안, 기대, 예민함, 설렘, 그 모든 섬세한 감정들을
가장 먼저 알아채는 빛이었어요.

레몬밤 잎을 살짝 문지르면,
박하향이 섞인 레몬향이 확 퍼지죠.
그건 식물이 이렇게 말하는 것 같아요.
"응! 나 여기 있어. 기분 괜찮아."

하루 끝에서 마주한 내 마음을
다정하게 바라봐준 시간.
그리고 그 순간 내 곁에 머물던 향기.

그 향이 반복될수록,
'내가 안심하고 쉴 수 있는 공간'이 되어갈 거예요.

손끝으로 마주하는 내 마음

하루를 마무리하며, 레몬밤 잎을 손끝으로 살짝
문질러 향을 맡아보세요.
그 향처럼, 오늘 내 안에 가장 오래 남은 감정은
무엇이었을까요?
향은 마음의 문을 열고, 나도 몰랐던 감정을 조용히
꺼내줄 거예요.

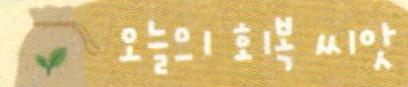

레몬밤의 향은 불안한 감정을 조용히 이완시키고,
후각을 통해 감정 중추를 부드럽게 자극 해요.
하루의 끝에 향을 반복적으로 맡는 습관은
내 마음을 쉬게 하는 루틴이 되어줄 수 있어요.

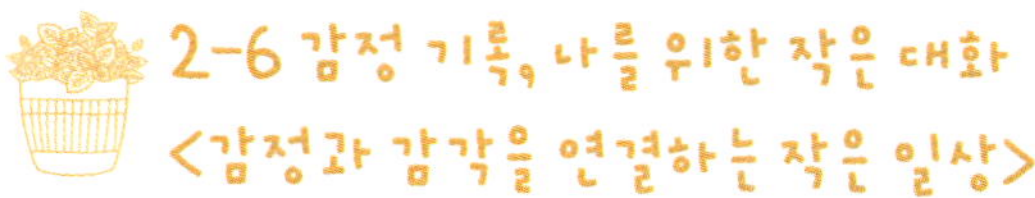

레몬밤의 향처럼 은은하고 따뜻한 냄새는

무언가 조용한 신호처럼 나를 안정시켜줘요.

향기는 기억보다 먼저 마음에 도달하는 감각이에요.

그래서 향을 맡는 순간,

말보다 빠르게 감정이 피어오르곤 해요.

감정은 꼭 말이 아니어도

감각을 통해 우리에게 도달할 때가 있어요.

머리가 알아채기도 전에,

마음이나 몸이 먼저 반응하는 순간들이 분명히 있죠.

특별한 일이 없어도 잎을 가만히 쓰다듬고 나면

마음이 한결 느슨해지는 기분이 들어요.

매일 같은 시간, 나를 안아주는 것처럼

익숙한 다정함이 서로에게 묻어나서일까요.

노란빛 향이 마음속에 부드럽게 번져 여운처럼
오래 머물렀어요.

그날도 옥상에서 레몬밤을 살펴보고 내려오는 길이었어요.
늘 똑같이 지나던 길인데,
오늘따라 코끝에 남겨진 레몬밤 향,
바람을 타고 들려오는 매미 울음,
나뭇잎 소리가 다르게 들렸어요.
평소엔 시끄럽고 날카로워 귀를 막고 싶었던 소리들이
오늘은 마치 오래된 마음의 문을 살짝 열어준 것처럼
느껴졌어요. 숨죽이고 있었던 감정이 바람을 따라 천천히
흘러나오는 듯했죠.

레몬밤은 자주 돌봐줄수록 향이 깊어지는 식물이에요.
감정도 마찬가지예요.
매일 조금씩 다가가고, 묻고, 적어보는 일이
감정을 알아차리는 감각을 길러줘요.

좋든 나쁘든 상관없이,
내 마음이 어떤 온도였는지를 알아차리고 적는 것.

그게 '나와 가까워지는 일'의 시작이니까요.

그저 떠오르는 대로, 한 단어로라도 남겨보는 거예요.

"지금은 서운함이야. 지금은 불안이구나."
이런 말들을 스스로에게 건네다 보면,
내가 나를 조금 더 따뜻하게 대하고 있다는 걸 느끼게 돼요.

감정 기록하기

오늘 하루, 어떤 감정이 가장 오래 머물렀는지
떠올려보세요. 그리고 그 온도에 맞는 감정 하나를
골라 적어봅니다.
한 단어라도 남겨보는 이 시간이
스스로에게 한 걸음 가까워지는 길이 될 거예요.

레몬밤은 은은한 향을 오래도록 머금어요.
차분하게 쌓인 향이 마음을 안정시키듯,
매일의 기록도 순간의 감정을 오래도록
머물게 해요.

예민하고 불안한 마음을 감각으로 다루는 연습

① 향으로 여는 감정 체크인
하루 중 마음이 가장 예민해지는 시간에, 좋아하는 허브티
(예: 레몬밤) 향을 깊게 들이마셔 보세요.
천천히 눈을 감고, 지금 내 마음에 머무는 감정을 떠올려
이름 붙이기.
"지금 이 감정은 ___________야."
향은 감정을 부드럽게 깨우는 작은 열쇠가 되어줄 거예요.

② 손끝 명상 2분
오후 2시 또는 감정이 쉽게 흐트러지는 시간에
손끝을 가만히 문질러보고, 따뜻한 물수건을 올려 감각을
느껴보세요.
"지금 내 몸 어디에 가장 힘이 들어가 있지?"
질문 하나로 시작해도 충분해요.
예민한 하루 속 중심을 찾는 짧은 루틴입니다.

③ 감정 이름 붙이기 노트

하루의 끝, 오늘 가장 오래 머문 감정에 이름을 붙여보세요.

• 오늘 나를 가장 자주 찾아온 감정은 무엇이었나요?

• 그 감정이 왔을 때, 나는 어떻게 반응했나요?

• 그때 내가 나에게 해주고 싶었던 말은?

→ 단어 하나, 짧은 문장 하나라도 괜찮아요.

　그 말이 당신을 더 다정하게 만들어줄 거예요.

외로움은,
나를 향한 안부

외로움 / 보라 / 제라늄 / 나에게 편지 쓰기

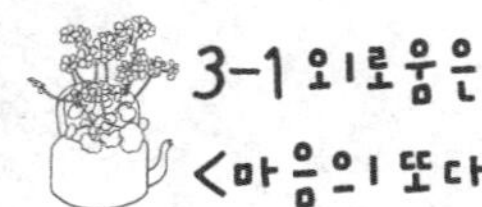 3-1 외로움은 조용히 피어나는 감정이에요

<마음의 또다른 얼굴>

다양한 색감과 무늬를 가진 제라늄을 보면,

같은 식물인데도 이렇게 다를 수 있을까 싶을 만큼

제각각의 분위기를 풍기고 있어요.

깊은 자주색 꽃잎을 품은 품종도 있고,

선명한 붉은빛이나 흰색 줄무늬가 섞인 잎을 가진 것도 있죠.

줄기를 만져보면 생각보다 단단하고,

잎은 조밀하지만 끝이 뾰족하게 오므라든 경우가 많아요.

어쩌면 외로움도 제라늄과 비슷하지 않을까요.

겉모습은 전혀 달라 보여도,

그 뿌리는 같은 자리에서 자라나는 감정이니까요.

누군가는 외로움을 눈물로 드러내고,

누군가는 '괜찮아'라고 말하며 스스로를 속이죠.

겉으로는 바빠 보이고, 사람들과 잘 어울리는 듯해도
속은 얼어붙은 듯 텅 비어 있는 경우도 많아요.

저 역시 그런 적이 있었어요.
누군가와 함께 웃고 돌아온 저녁보다,
혼자 조용히 밥을 먹고, 침대 맡에 앉아 책을 펼치던 밤에
오히려 마음이 무너져 내리는 날이 있었거든요.

고요함이 좋아서,
오히려 숨을 고르게 되었던 날도 있었고요.
그렇게 외로움은 아주 천천히,
때론 스스로도 모를 만큼 조용히 스며들죠.

어떤 날은, 누군가가 내 마음을 먼저 눈치채주었으면 좋겠고
어떤 날은, 그냥 내버려두었으면 하는 마음도 있어요.
가까워지면 불편하고, 멀어지면 또 아픈.
그렇게 모순된 두 감정 사이에서 머뭇거리는 자신을
마주할 때면,
'외로움'이라는 감정 속에 숨은
'연결되고 싶은 마음'이 고개를 드는 걸 느껴요.

그 마음을 꼭 말로 꺼내지 않아도 괜찮아요.
제라늄은 잎을 살짝만 스쳐도 은근한 향이 남는 식물이에요.
조심스레 다가가 살포시 닿았을 뿐인데,
옷깃과 손목, 곳곳에 물들어 오래 머물죠.

감정도 그런 것 같아요.
내가 어떤 말을 하지 않아도,
누군가는 내 표정 속에서,
내 하루의 리듬 속에서,
조용한 흔적을 알아차려줄 수 있어요.

외로움은, 꼭 치유되어야 할 무언가가 아니라
내 안에 머물고 있는 나 자신에게 보내는
다정한 안부일지도 몰라요.

나에게 먼저 안부 묻기

하루를 마무리하며,
오늘의 나에게 짧은 안부를 건네보세요.
"오늘 하루, 잘 지냈니?"라는 질문이면 충분해요.
대답하지 않아도 괜찮아요.
고개를 끄덕이거나, 잠시 멈춰 서는 것만으로도
외로움은 '혼자 남겨진 감정'이 아니라
내가 나에게 말을 걸고 있다는 신호로 바뀌기
시작해요.

제라늄은 햇빛을 좋아하고, 부드러운 통풍이
필요한 식물이에요.
하지만 직접적인 선풍기, 에어컨, 외부의 강한
바람에는 잎이나 줄기가 상할 수 있어요.
환기만 조심스럽게 해주세요.

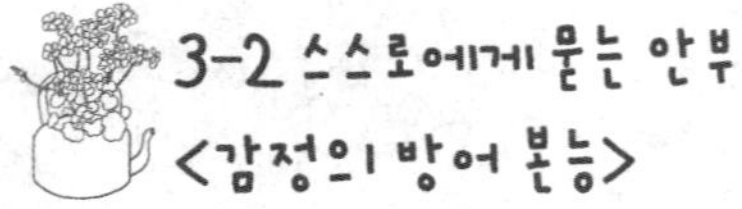

제라늄은 잎이 풍성하게 자라는 식물이에요.
하지만 어느 순간, 툭—하고 잎을 떨구기도 하죠.
누가 건드린 것도 아닌데 조용히 잎을 놓아주는 이 식물은,
사실 스스로를 보호하는 중이에요.

환경이 버겁거나 무리가 갈 때,
제라늄은 병든 잎을 애써 붙잡지 않아요.
잘라내지도 않아요.
그저 자연스럽게, 스스로 정리하는 방식을 택하죠.
그건 제라늄이 위협을 느꼈다는 신호이자,
본능적으로 자신을 지키는 지혜예요.

외로움이나 서운함, 후회 같은 감정이
하루를 무겁게 누를 때,
그 감정을 꾹 붙들고 있는 나 자신을 발견하곤 해요.

혹시 지금, 당신도 무언가를 애써 붙잡고 있진 않나요?

힘겨운 마음의 무게를 줄이고 싶다면,
가끔은 나도 제라늄처럼 스스로에게 말해줄 수 있어야 해요.
감정에 휩쓸리기보다,
한 걸음 물러나 바라보는 용기가 필요하니까요.

감정을 지키기 위해,
내게 한 가지 질문을 던져봐요.
"오늘, 넌 너에게 괜찮다고 말해줬니?"

외로움은 누구에게나 찾아오는 감정이지만,
"지금의 나, 정말 괜찮은 걸까?"
이 질문을 조용히 던질 수 있다면
나는 이미 나를 잘 돌보고 있는 사람일 거예요.

스스로에게 전하는 안부는 거창할 필요 없어요.
그 물음에
"오늘 많이 애썼지."
"하루를 잘 살아낸 나, 참 괜찮다."

라고 답해줄 수 있다면,
지금의 나는 꽤 단단하게 자라고 있다는 뜻이에요.

제라늄이 잎을 정리하며 줄기를 지키듯,
우리 역시 스스로를 잘 돌보며 살아갈 필요가 있어요.
이건 감정을 회피하는 것이 아니라,
지금의 나에게 가장 건강한 선택이 될 거예요.

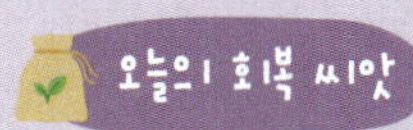

괜찮아.

오늘 하루를 마무리하며,

내게 한 문장만 써보세요.

"지금 이대로 괜찮아."

짧지만 깊은 보랏빛 감정 속에서 당신 안의

단단함으로 피어나 위로로 다가설 거예요.

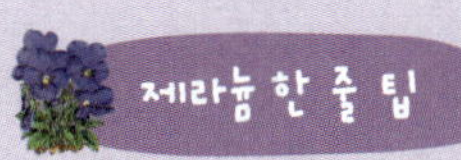

"제라늄은 환경이 버거울 때 스스로 약해진 잎을

떨어뜨려요.

그건 식물이 자기 자신을 지키는 방식이에요."

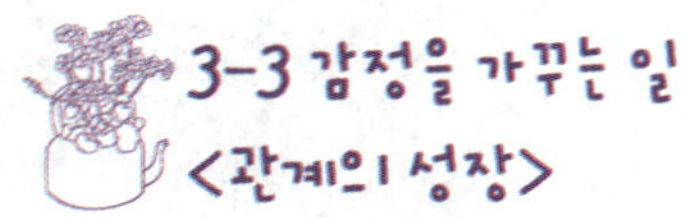

보랏빛 제라늄을 본 적 있나요?

강렬하지 않지만, 은은하게 번지는 그 색에는

묘한 울림이 있어요.

조용하고 차분하지만, 들여다볼수록 마음속 감정을

깊게 머금게 하죠.

외로움도 그런 감정이에요.

언뜻 스쳐가는 감정 같지만,

생각보다 오래 머무르며 마음을 물들일 때가 있어요.

제라늄은 가지치기를 해주면 오히려 더 풍성하게 피어나는

식물이에요.

한 줄기로만 길게 자라게 두면 키는 크지만 꽃은 점점

줄어들어요.

새순이 자랄 공간이 부족해지고,

빛도 제대로 닿지 않게 되죠.

반대로 줄기를 잘라주면 가지가 여러 방향으로 뻗고,
가지 끝마다 새로운 꽃을 피워냅니다.
더 잘 자라게 하기 위한 작지만 중요한 배려예요.

우리의 감정도 그럴거에요.
서운했던 기억, 지나간 대화, 말하지 못한 마음을
가슴속에 꾹꾹 눌러 담기만 하면
언젠가 마음의 공간이 빽빽해져 숨조차 쉬기 어려워져요.
감정을 붙잡는다고 해서 늘 나를 지켜주는 건 아니니까요.

가끔은 감정을 가만히 바라보고
조용히 정리해주는 시간이 필요해요.
그게 누군가와 거리를 두는 일이든,
혹은 내 생각을 다시 정리해보는 일이든 말이에요.
꼭 '끊어냄'이 아니더라도,
그건 '돌봄'이라는 이름의 성장일 수 있어요.

예를 들어,
답장을 미뤄두었던 메시지에
지금의 진심을 담아 다시 써보는 일처럼요.

그 짧은 문장이 관계를 다시 잇기도 하고,
스스로에게는 가장 솔직한 위로가 되기도 하니까요.

상처가 남아 있더라도
계속 들여다보며 붙잡는 것이
꼭 나를 위한 일은 아닐 수 있어요.
낡은 감정을 내려놓아야
새로운 감정이 들어올 자리가 생기니까요.
그제야 우리는, 다른 관계에도 마음을 열 수 있게 되죠.

마음도 식물처럼 가지치기가 필요해요.
무성하게 자란 가지가 꽃을 피우지 못하게 하듯,
감정도 가끔은 숨 쉴 틈이 있어야 하니까요.

감정을 정리할 때조차
우리는 서툴지 않으려 애쓰곤 해요.
하지만 마음의 가지치기엔
조금의 서툼도, 시간이 걸려도 괜찮아요.

그 끝에서,

새로운 감정과 관계가 자라나게 될 거예요.

모든 변화는 결국,

나를 돌보는 작은 손길에서 시작되니까요.

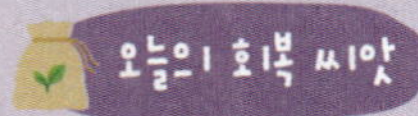

다정한 가지치기

지금 이 순간 떠오르는 누군가가 있나요?

그 관계 안에서 묵혀 둔 감정이 있다면,

오늘의 나로서 짧은 문장 하나 써보는 거예요.

지금은 보내지 않더라도 괜찮아요.

내 마음을 정리하는 첫 문장이 될 수 있으니까요.

다정한 가지치기 끝에서,

당신의 마음에도 새로운 관계가 피어나기를.

제라늄은 가지치기를 해줘야 더 풍성한 꽃을

피워요. 너무 무성해진 가지는 빛을 가리고,

새순이 자랄 자리를 막기도 하거든요.

감정도 마찬가지예요. 다듬을수록,

그 자리에 다정함이 자라나요.

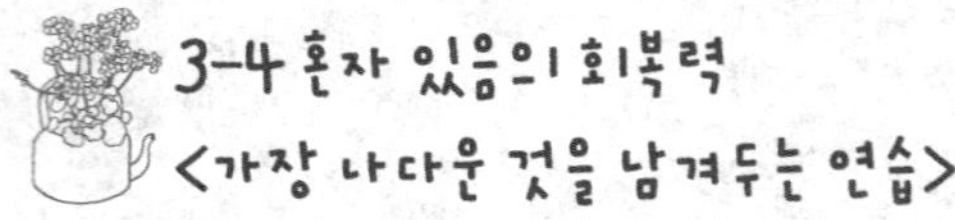

제라늄은 쉽게 시들지 않아요.
며칠 동안 흐린 날이 이어져도, 거센 바람이 불어도
보랏빛 잎과 꽃은 그 자리에서 꿋꿋하게 버텨요.
마치 고요 속에서 피어난 용기처럼 말이에요.

제라늄은 '환경 적응력이 탁월한 식물'로 불려요.
어떤 날씨에도 살아남는 자생력은
때로는 사람보다 단단해 보이죠.

하지만 요즘의 우리는 '혼자 있음'을
외로움의 그림자가 드리운 시간
혹은 남겨진 시간으로 여길 때가 많아요.

사람들로 가득 찬 공간에서
문득 대화에서 멀어졌을 때,

주말 약속이 하나도 없는 날,
집에 홀로 남아있는 저녁 같은 순간―
우리는 모든 고요를 불안과 연결 짓곤 해요.

그런데 외로움이 지나고 나면,
혼자 있는 시간은 단단한 쉼이 되어요.
내가 아닌 것에 휘둘리던 날들 속에서
혼자 있음은 진정한 나를 찾는 유일한 통로가 될 수 있어요.

그 시간을 통해 나를 복잡하게 하는 모든 것들에게 멀어져
보는 거예요. 예기치 못한 환경의 변화에도 잎 한 장 시들지
않는 제라늄처럼 아무 방해도 없는 고요 속에서 나만의
빛깔을 지킬 수 있어요.

생각이 흐르도록 내버려둔 채,
나만의 자리를 찾아가는 시간을 만들어 보는 거죠.
과하지 않은 복잡하고 외로운 시간들은
결국 나를 다시 나답게 만드는 시간이 되어 줄 거예요.

오늘, 당신의 마음에는 어떤 빛깔의 고요가 머물고 있나요?

채우지 않는 시간 보내기

오늘 하루 중 10분을 정해

휴대폰을 비롯한 모든 대화를 잠시 내려두고

아무것도 채우지 않는 시간을 가져보세요.

그 시간 동안 창밖을 바라보거나,

식물을 가만히 들여다보면서 호흡이 오가는

리듬에만 집중해도 좋습니다.

마음속 불필요한 소음이 사라지고, 당신만의

중심이 제라늄처럼 단단히 자라날 테니까요.

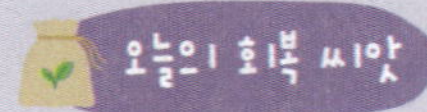

제라늄은 햇빛을 좋아하는 만큼 튼튼해요!

환경이 바뀌어 낯설어 지거나 수분이 부족해져도,

스스로 회복하는 생명력이 강한 매력적인

식물이에요!

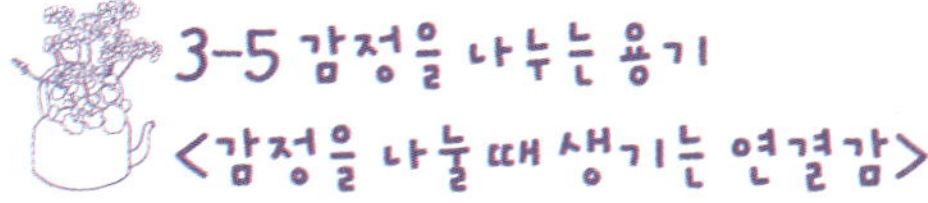

3-5 감정을 나누는 용기
〈감정을 나눌 때 생기는 연결감〉

모두 함께 웃으며 나누는 대화에서
어울리지 못한 고독이 쌓일 때가 있어요.
외로움 따위 익숙해졌으리라 여겼지만
견디기 힘든 순간이 찾아오기 마련이에요.

응어리를 풀어내는 법에 익숙하지 못한 사람들은
이 감정을 참아냄으로 버틸 수 있다 여겨요.
하지만 감정이란,
누군가의 공감과 진심어린 위로가 맞닿을때
비로소 새로운 울림이 생겨나요.

줄기를 잘라 새로운 뿌리를 내리는 제라늄처럼
마음을 나눈다는 것은 외로움을 지워줄
행복의 꽃을 피우는 것과 같아요.

꺼내지 못한 진심은 외로움이 되고
깊어진 외로움은 타오름을 잃은 꺼져가는 불씨와 같아요.
마음을 나눈다는 건 내 마음을 잃어버리는 게 아니잖아요?

기쁜 순간을 함께 이야기하면 그 기쁨이 더 선명해지고
슬픈 마음을 나누면 혼자 짊어졌던 무게를
조금은 덜어낼 수 있는 순간이 생겨요.
단순한 공감이 아닌 서로의 마음을 확인한 안도감.

조심스레 뿌리내린 작은 줄기들은 이내 새로운 잎을 펼치고
곧 탐스러운 꽃봉오리를 맺어요.
그리고 마침내 피어나는 보랏빛 제라늄을 마주할 수 있죠.
서로에게 스며드는 따스한 마음들처럼 단순한 아름다움을
넘어 사랑과 나눔으로 확장되는 기쁨을 선명히 느낄 수
있어요.

제라늄이 새로운 화분에서도 뿌리는 내려 꽃을 피우듯,
감정은 누군가에게 전해지는 순간 새로운 자리에서 숨을
쉬어요.

외로움은 더 이상 단단한 벽이 아니에요.
혼자만의 고독에서 배운 단단함으로
기꺼이 손을 내밀고 연결될 용기를 가져보면 어떨까요?

지금 떠오른 감정과 감정의 대상에게
짧은 한 줄이라도 진심을 털어놓아 보세요.
떠오른 그대로, 사소한 감정이라도 괜찮아요.
그 한 줄이 새로운 뿌리를 내려 관계를 더 깊게 만들어
줄 거예요.

어떠한 감정이든 꺼내어보는 것을 시작으로
천천히 내 마음을 나누어 봐요.

스스로를 온전히 보듬은 후에야 가능한
나누어 가꾸는 관계 속에서 우리는
더욱 풍요로운 내면의 정원을 발견하게 될 거예요.

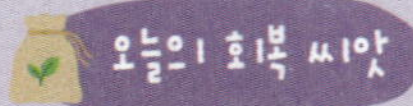

기대고 싶은 마음 전해보기

오늘, 떠오르는 얼굴이 있다면
가장 편한 방식으로 마음을 조금만 꺼내보세요.
전화, 문자, 메모, 혹은 마음속 연습이어도
괜찮아요.
"나 사실, 너에게 기대고 싶었어."
이 문장을 꼭 그대로 말하지 않아도 돼요.
중요한 건 완벽하게 표현하는 게 아니라,
외로움을 혼자만의 언어로 남겨두지 않는 작은
움직임이에요.

제라늄은 줄기를 잘라 다른 화분에 심어도
새 뿌리를 내려 다시 꽃을 피워요.
감정을 나누는 일도 마찬가지예요.
내 안의 이야기를 나눌 때, 그 순간이 새로운
연결로 자라나기도 하거든요.

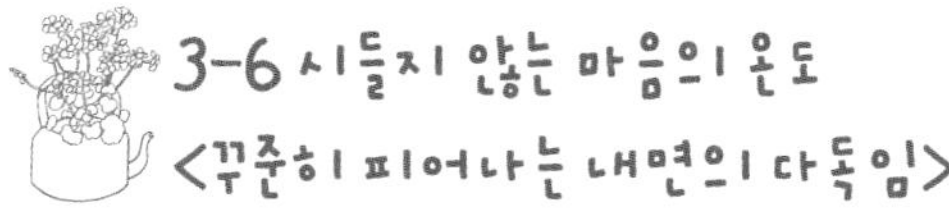

가끔은 외로움이 너무 깊어져 마음마저 시들 것 같을 때가
있어요. 혼자 있는 시간이 도저히 익숙해지지 않을 것
같다가도, 그 시간 안에서 조금씩 내가 해야 할 것들을 찾아
나가곤 해요.

짧은 휴식이 될 수도 있고,
보고 싶었던 영화를 보며 문화 생활을 즐기는 것도 좋죠.
밀린 숙제를 조금씩 해내기도 하고,
평소에 읽지 못했던 책의 페이지를 한 장씩 넘겨보는 것도요.

바쁘게 흐르는 사람들 사이에서 혼자가 된 시간은
표류하는 배 위에 홀로 서 있는 듯 고요하고 어지럽게
느껴지기도 해요.
하지만 돌아보면, 아침에 눈을 떠 잠자리에 들 때까지
온전히 나만을 위한 시간을 가지는 순간은 드물더라고요.

가족, 친구, 직장 동료… 스치듯 지나치는 많은 사람들과의
관계에서 늘 누군가와 함께 서 있는 '나'로 살아가니까요.

그래서 혼자만의 시간은 오히려
내면을 살필 수 있는 기회가 되어줘요.
거창하지 않은 작은 실행부터 시작해
그 순간을 나만의 것으로 만들어보는 거예요.

혼자 밥을 짓는 일, 한두 페이지 책을 읽는 일,
그런 소소한 습관이 쌓여 내 안의 온도를 지켜주니까요.

그럴 때 떠올리는 식물이 제라늄이에요.
제라늄은 줄기마다 다양한 색의 꽃을 피우며,
드물게 사계절 내내 꽃을 보여주는 식물이거든요.
창가의 화분, 정원의 한 곳, 어디든 자리를 잡고서
스스로의 뿌리를 단단히 내리고 끊임없이 꽃을 피워내요.
마치 혼자 있어도 충분히 자기 빛깔을 잃지 않는 듯 보이죠.

외로움은 쉽게 외면하고 싶은 감정이에요.
적막이 길어지면 공허함에 휩쓸리기 쉽지만,

불필요한 감정들을 비워내면
오히려 나만의 색을 지켜내는 힘이 자라나요.
제라늄이 계절을 건너도 시들지 않고 꽃을 피워내듯,
혼자만의 시간이 쌓이면 내면에도 '시들지 않는 온도'가
남게 되니까요.

사계절을 힘차게 살아내라는 무거운 말이 아니라,
그저 한 계절을 건너는 동안
내가 유지할 수 있는 적정한 온도를 찾아보자는 거예요.
그 따뜻한 온도가 결국은 다음 계절의 꽃을 피우게 해줄
테니까요.

모든 계절마다 자기 빛깔을 드러내는 제라늄처럼,
당신의 내면에도 시들지 않는 꽃이 자라날 거예요.

혼자 있는 시간을 돌봄으로 기억하기

오늘 혼자 보내는 시간이 있다면, 그 시간을 일부러
'무엇을 하고 있는지'로 불러보세요.
책을 읽는 시간, 차를 마시는 시간,
혹은 가만히 숨 쉬는 시간도 괜찮아요.

'외로웠다'가 아니라
'나를 지키고 있었다'라고 기억해보세요.
이렇게 이름을 바꾸는 연습은,
혼자 있는 나를 더 이상 밀어내지 않는 방식이 되어
줄 거예요.

제라늄은 햇볕을 좋아하고 통풍이 잘되는 곳이면
작은 화분 하나에서도 사계절 내내 꽃을 피워요.
군락을 이루지 않아도 홀로 잘 자라며, 가지를 잘라
주면 오히려 더 풍성하게 피어 나요. 혼자 있어도
꿋꿋이 자라나는 강인함이 매력인 식물이에요.

3장 실천제안.
오늘부터 시작할 수 있는 작은 루틴 3가지

외로움을 다정하게 바라보고, 스스로에게 안부를 묻는 연습

① 내 마음에 편지 쓰기

하루 중 조용한 시간에, 오늘 느낀 감정을 짧게 적어보세요.
"나는 지금 어떤 외로움을 느끼고 있지?" 문장으로
시작해도 좋습니다.
쓰는 순간, 외로움은 막막한 적막이 아니라
'대화 가능한 감정'이 됩니다.

② 따뜻한 빛 머금기

저녁 무렵, 제라늄 꽃을 바라보듯 작은 스탠드 불빛이나
촛불을 켜고 5분 동안 그 빛에 집중해보세요.
"이 빛은 나를 어떻게 감싸고 있나?" 질문하며 고요하게
머물러 보세요.

③ 안부 나누기 노트

일주일에 한 번, 가장 편안한 사람을 떠올리며
'그 사람에게 전하고 싶은 안부'와
'지금 내 마음이 듣고 싶어 하는 안부'를 함께 적어보세요.

- 오늘 나의 외로움은 어떤 얼굴을 하고 있었나요?
- 그 외로움이 내게 알려주려던 메시지는 무엇일까요?
- 나는 내 안부에 얼마나 귀 기울여주고 있나요?

➜ 외로움은 피해야 할 감정이 아니라, 나에게 말을
　 걸어오는 감정입니다. 안부에 대답하는 순간, 외로움은
　 나를 돌보는 따뜻한 힘이 되어줍니다.

변화는 낯설지만, 나는 사라지지 않아요

변화 / 파랑 / 틸란드시아 / 편한 사람 떠올리기

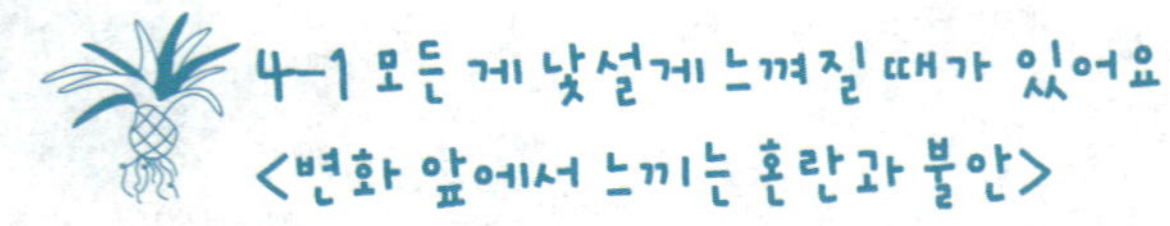

첫 출근 날의 풍경처럼 늘 걷던 길인데도 낯설게 느껴질 때가
있어요.
익숙했던 건물들이 오늘은 나를 모르는 사람처럼 서 있고,
발걸음은 제 속도를 찾지 못한 채 서두르다 멈추기를
반복하죠.

새벽빛처럼 옅은 파랑으로 번져있던 그날도 그랬어요.
생각이 발끝까지 내려가지 못하고,
마음이 공중에 떠 있는 것처럼 허공을 맴돌았죠.
한 걸음 한 걸음 옹골차게 걷지 못해 불안하고 고되기만 한
시간.

그때, 창가 한쪽에서 부드럽게 흔들리는 틸란드시아가 눈에
들어왔어요.
손바닥만한 크기의 작은 식물,

길쭉하고 가느다란 잎이 바다의 물결처럼 부드럽게 퍼져
있었죠.
흙에 심기지 않은 채, 투명한 유리 볼 속에 매달려
바람을 타고 천천히 몸을 흔들고 있었어요.

틸란드시아는 흙에 뿌리를 내리지 않고 살아가요.
공기 중의 수분과 먼지 속 영양분을 흡수하며,
나무껍질이나 돌 위에 살짝 몸을 기대고 자라죠.
멀리서 보면 바람에 이리저리 흔들리는 것 같지만,
매일 분주히 잎을 뻗어가고 있어요.

남들과는 다른 방식으로, 그러나 틀림이 아닌 '다름'으로.
자유로운 흔들림이 처음엔 불안하게 보였지만,
알고 보니 멈춰 있는 게 아니라,
계속해서 자라나는 성장의 몸짓이었어요.

모두가 같은 지도를 보고 걸어도
등 뒤에 남겨진 발자취는 저마다 다른 것이 삶이니까요.
다르다는 것은 내가 '나대로' 잘 살아가고 있다는 뜻이에요.

혹시 지금, 당신도 낯선 변화 속에 서있나요?
아직 뿌리내릴 곳을 찾지 못했더라도,
당신은 이미 숨을 쉬고, 하루를 견디며,
공기 속의 작은 수분을 모으고 있을지 몰라요.
그건 분명한 생존이고, 성장의 전조예요.

하지만 가끔은 허공을 떠도는 내 존재가
한없이 작아 보일 때가 있죠.
그럴 땐 내 마음을 붙잡아줄 수 있는
믿음의 존재를 떠올려보는 것도 좋은 방법이에요.

사람 혹은 장소, 기억 어떤 것이든 좋아요.
가빠진 숨을 솔직하게 내보여도 부끄럽지 않을,
어떤 말이든 해도 괜찮을 것 같은 존재면 돼요.
그 사람의 표정과 목소리를 마음 속에서 불러내는 것만으로도
당신의 혼란은 조금씩 잦아들 거예요.

그렇게 편안해진 마음 위에,
오늘 하루의 발걸음을 살며시 올려두는 거죠.

모든 게 낯설지만

모든 것이 새로움일 수 있는 설렘으로 기억시키는 거죠.

우리가 걷고 있는 모든 길은 새롭기에 낯설고 불분명해요.

그러나 그렇기에 아름답다는 것을

오늘도 분명히 기억해 주었으면 좋겠어요.

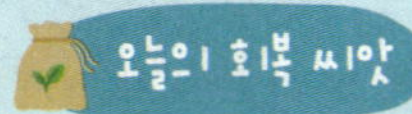

마음을 붙잡아주는 이름 부르기

마음이 흔들릴 때, 나를 판단하지 않고 받아줄 것 같은 존재를 떠올려 보세요.
사람, 장소나 상황 어떤 것이든 괜찮아요.

그 이름을 속으로 천천히 불러보고, 그때의
표정이나 공기, 목소리를 마음에 그려봅니다.
숨이 조금 느려지는지, 어깨가 내려가는지를
느껴보세요. 그 감각이 지금의 혼란을 지나갈 작은
손잡이가 되어줄 거예요.

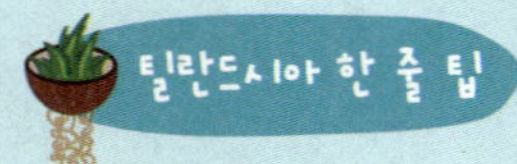

틸란드시아는 흙 없이도 사는 착생식물이에요.
일주일에 한두 번 분무하거나, 2-3주에 한 번 물에
잠시 담갔다 꺼낸 뒤 통풍이 잘되는 곳 에서 건조해
주면 건강하게 자라요. 직사광선보다 잔잔한 빛과
바람을 좋아해요.

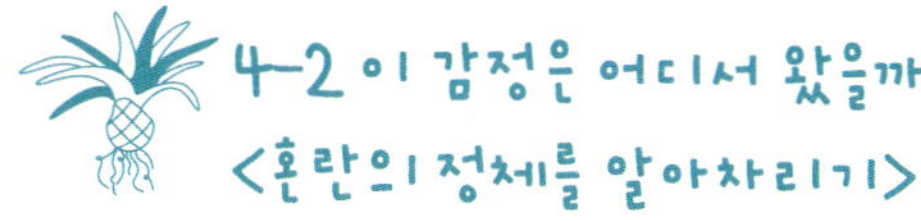

틸란드시아는 마치 공중그네를 타듯 매달려 자라요.
흙에 뿌리를 내리지 않아도,
공기 중에 있는 수분과 먼지 속 영양분을 흡수하며
스스로 살아가는 법을 터득해요.
위태롭게 보일 때도 있지만,
자기만의 방식으로 자라나는 중이죠.

우리는 어떨까요?
필요한 것이 충분히 주어지지 않을 때,
상황이나 다른 사람을 탓해본 적 있지 않나요?
"지금 이 환경만 아니면 더 잘할 수 있었을 텐데",
"내게 더 좋은 조건이 있었다면 달라졌을 텐데"
저 역시 그런 생각을 한 적이 있어요.

그 마음이 꼭 나쁜 건 아니에요.

그만큼 버겁고 답답했기 때문에,
감정에 엉켜 있는 실타래가 쉽게 풀리지 않았기 때문에
누군가를, 무엇인가를 원망하게 된 거겠죠.

그런데 틸란드시아를 보고 있으면,
환경이 완벽하지 않아도
주변에 흩어져 있는 자원을 찾아내는 힘이 얼마나 중요한지
깨닫게 돼요.
어디에서나 필요한 것을 발견하고,
그것을 자신의 성장으로 바꾸는 법을 아는 것.

감정도 마찬가지예요.
마음을 무겁게 만드는 상황이 있을 때,
그 불편함이 '어디에서 왔는지' 차분히 짚어보는 거죠.
나를 화나게 하는 건 관계인지, 아니면 불안한 미래 때문인지.
감정의 근원을 알아야 비로소 실타래의 첫 매듭을
풀 수 있으까요.

뿌리 없이도 자라는 틸란드시아처럼,
우리도 변화 속에서 필요한 것을 찾아내고

그에 맞춘 성장의 흐름을 설계할 수 있어요.

조금씩 천천히 자신만의 방식으로 살아가다 보면
불확실함을 확신으로 바꿀 전환점을 맞이할 수 있게 되어요.

오늘 하루, 마음이 복잡하게 엉킨 순간이 있었다면
그 순간을 장면으로 묘사해 보세요.
그리고 그 감정이 어디서 비롯됐는지,
마치 수분을 찾아 나서는 틸라드시아처럼
뿌리를 따라가 보는 거예요.

이 작은 연습이, 타인과 상황을 향한 원망 대신
눈앞에 놓인 '가능성'을 바라보게 해줄 거예요.

말 그대로 오늘 하루를 차분히 되돌아보는 시간.
흩어져 있던 감정의 근원을 한 곳에 담아 보는 일.
글을 읽고 있는 지금,
지나온 오늘을 떠올려 볼까요?

혼란을 장면으로 꺼내보기

오늘 하루, 마음이 복잡해졌던 순간이 있다면
그 장면을 영화의 한 컷처럼 떠올려보세요.

예를 들어
'회의실에서 말을 멈춘 채 손을 만지작거리던 나',
'퇴근길 버스 창에 비친, 생각이 많은 얼굴'처럼
감정 설명 대신 보였던 것만 적어보는 거예요.
장면으로 꺼내놓으면,
혼란은 내 안이 아니라 내 앞에 놓인 풍경이 됩니다.

틸란드시아는 잎 표면의 '흡습도'로 공기 중 수분을
흡수해 살아가요.
흙없이도 살지만, 정기적으로 분무해 관리해 주면
더 건강하게 자라요.

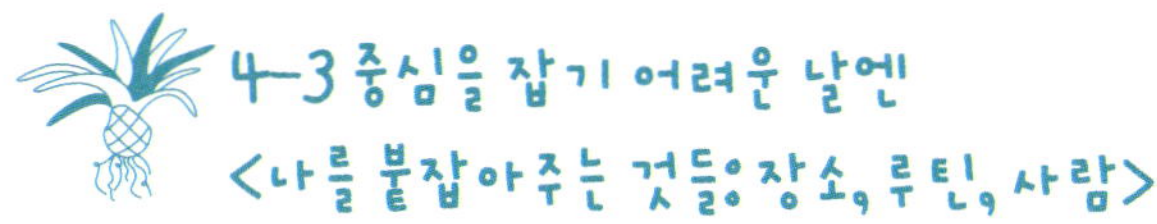

매일 하던 일인데도 실수가 잦은 날이 있어요.
출근길 버스 창밖 풍경이 물 흐르듯 스쳐 가는데,
마음은 텅 비어버린 듯 의미 없이 움직였죠.
책상에 앉아도 키보드 소리만 유난히 크게 들고,
모니터 속 글자는 눈에 들어오지 않았어요.

서류를 세 번이나 확인했는데도 오타가 보이고
회의 시간에는 꺼내야 할 말들이 머릿속에서 흩어져 버렸죠.
그렇게 하루를 꼬박 멍하게 보내고 집으로 돌아온 후에도
흔들리는 마음은 쉽게 진정되지 않았어요.
아마도 감정을 붙잡는 방법을 잘 몰랐던 탓일 거예요.

살아가면서 우리는 한 번쯤 익숙한 환경을 벗어나게 돼요.
원하든 원하지 않든, 생존 조건이 달라지면
사람도 식물도 불안하고 흔들리게 마련이죠.

그럴 때 필요한 건 새로운 뿌리를 깊이 내리는 것보다,
지금 버틸 수 있는 작은 '고정점'을 찾는 일이에요.

틸란드시아를 보면서 중심을 붙잡는 법을 조금은 알 것 같아요.
손바닥만한 몸에서 길쭉한 잎들이 부드럽게 퍼져 있고,
바람 결에 맞춰 잎 끝이 살짝 흔들려요.
뿌리는 바위 틈이나 나무껍질에 손처럼 몸을 걸어두고
바람을 견뎌요.
그 손이 닿아 있는 한, 바람이 불어도
쉽게 떨어지지 않고 제자리를 지킬 수 있어요.

우리에게도 그런 고정점이 필요해요.
들어서는 순간 커피 향이 먼저 반겨주던
퇴근길에 들르던 작은 카페.
낯선 하루 동안 긴장했던 어깨를 스르르 풀어 놓을 수 있는
익숙한 내 집 앞 벤치일 수도 있어요.
누군가에게는 말 한마디면 마음이 놓이는 친구일 수도,
아침마다 듣는 음악 한 곡이 될 수도 있죠.

이 사소한 마음의 쉴 지점들이

삶의 표면에 가볍게 걸어 놓을 수 있는 하늘의 뿌리가 되어
바람이 불어도 쉽게 쓰러지지 않게 해줘요.

혹시 오늘 당신의 하루가 불안정했다면
당신을 단단히 잡아줄 무언가를 하나 떠올려 보세요.
바람 속의 틸란드시아처럼 다시 숨이 고르게 쉬어질 거예요.

그리고 그 순간,
당신의 잎도 조용히 제 방향을 찾아갈 거예요.
오늘의 나침반을 떠올리는 일만으로 맑은 파랑을 느껴볼 수
있어요.

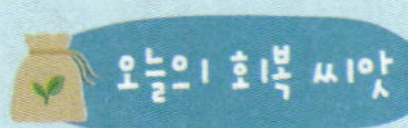

가장 가까운 기대 저장하기

오늘 스쳐 지나간 기대 하나를 골라보세요.

주말에 가보고 싶은 카페, 언젠가 입고 싶었던 옷,

듣자마자 기분이 좋아졌던 한 문장처럼 아주 사소한

것이면 충분해요.

그 기대를 사진이나 메모로 남겨 휴대폰 배경이나

노트 첫 페이지처럼 하루에 한 번은 자연스럽게

보이는 곳에 두어보세요.

기대를 가까이 두는 것만으로도 마음은 조금 더

가볍게 숨을 쉬게 되어요.

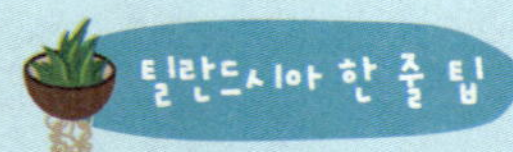

틸란드시아의 뿌리는 영양분을 흡수하는 역할이

아닌 자신을 바위, 나무 껍질 등에 가볍게 고정시켜

잎들을 살아가게 해요.

덕분에 바람에 흔들려도 툭 하고 고개를

떨어뜨리는 일 없이 제자리를 지킬 수 있답니다.

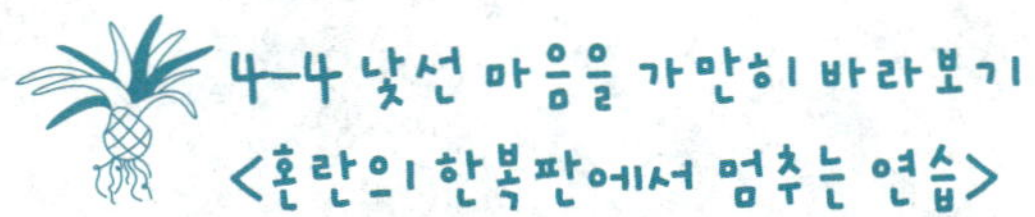

예민함이 삶의 무기가 될 수 있다는 이야기를 들어본 적
있으신가요.
저는 오랫동안 그게 나와는 먼 얘기라고 생각했어요.
남들보다 예민하다는 걸 깨닫고 나서는,
불안과 불편함의 다른 이름일 뿐이라고 여겼죠.

가끔은 이유없이 마음이 낯설게 흔들리는 날이 있어요.
아침에 일어났는데 가슴이 답답하거나,
늘 하던 일들이 괜히 버겁게 느껴지는 날.
그럴 때면 빨리 이 감정을 없애야 한다는 조급함이 들지만,
억지로 몰아내려 하면 더 깊이 가라앉기도 하죠.

틸란드시아는 낮과 밤의 온도 차,
계절과 날씨에 따라 변하는 빛의 세기를
있는 그대로 받아들여요.

뿌리를 땅에 두지 않은 채 바람 속에 서 있지만,
속도와 방향을 스스로 조절하며 자라죠.
온도가 내려가면 생장을 늦추고,
빛이 강해지면 잎을 오므려 수분을 지켜요.
마치 환경과 싸우기보다, 함께 살아가는 법을 아는 것처럼요.

우리 마음도 불안이나 예민함이 찾아왔을 때,
바로 해결하려 애쓰기보다 우선 가만히 바라봐요.
그러다 보면 억누르지 않아야 할 부분과
표현해도 좋은 부분이 서서히 구분될 거예요.
판단하지 않고, 평가하지 않고,
그저 '지금 이런 마음이 있구나' 하고 인정하는 것.
이 멈춤의 시간은, 혼란 속에서 나를 지키는 침착함이 되어
돌아와요.

살다 보면 누구나 길을 잃을 때가 있어요.
정확한 주소를 입력해도 길을 헤매는 네비게이션처럼,
계획대로 움직였는데도 마음은 엉뚱한 곳으로 향하기도 하죠.
하지만 그럴 때마다 서둘러 방향을 틀기보다,
잠시 서서 주변을 살피는 시간이 필요해요.

주어진 시간 안에서 마음은 스스로 갈 길을 찾기 시작하니까요.

혹시 오늘 마음이 낯설게 흔들린다면,
감정을 밀어내기보다 잠시 옆에 두고 바라봐 주세요.
그리고 그 감정을 향해 짧은 메시지를 써보는 거예요.
가장 친한 친구에게 속마음을 전하듯,
내게도 애틋하고 고마운 다독임을 건네보세요.

틸란드시아가 변화에 몸을 맡기듯,
당신의 마음도 자신만의 속도로 안정을 찾아갈 거예요.

감정에게 짧은 메시지 남기기
지금 느끼는 낯선 마음을
없애려 하지 말고, 잠시 옆에 앉혀보세요.
그리고 감정에게 짧은 문장 하나를 써볼 거예요.
"지금 많이 혼란스럽구나"
"갑작스러워서 놀랐겠네."

해결책이 아니라 내가 나를 함부로 다루지 않겠다는
표시를 남겨두는 거예요.

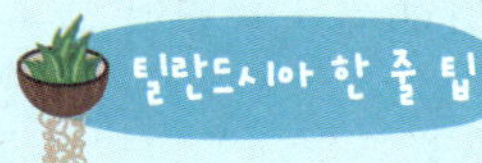

틸란드시아는 환경 변화에 맞춰 성장 속도와
잎 모양을 조절해요.
빛과 온도의 변화에 유연하게 적응하며 살아가는
식물이랍니다.

살다 보면 마음을 조용히 기댈 곳이 필요할 때가 있어요.
내게 아무 기대도, 평가도 하지 않는 공간.
그저 있는 그대로 바라봐 주는 풍경.

누군가에게는 그 자리가 사람일 수도 있지만,
저에게는 평가가 내려지지 않는 '장소'였어요.
미술관, 숲, 도서관처럼 그저 아름다움이 존재하는 곳.
그곳에선 나를 꾸밀 필요도, 변명할 필요도 없이
바라보고 기대기만 하면 되었죠.

바람이 드나드는 공간에서,
틸란드시아는 다른 식물의 줄기나 나무에 살짝 몸을 걸쳐요.
꼭 오랜만에 만난 친구의 어깨에 잠시 기대듯,
곁을 의지하며 잎을 뻗어가죠.

그 기댐은 생존을 위한 발판이자,
바람 속에서 흔들리지 않게 해주는 안전망이 되어줘요.
틸란드시아가 다른 표면에 몸을 붙이고도 당당히 자라나는
모습은, 마음의 평안으로 향하는 '안전기지'와 닮아 있어요.

나에게 안전 기지는 옥상 위의 작은 정원이었어요.
'무럭'이라는 이름을 붙여준 식물들이 모여있는 쉼터였죠.
이곳을 떠올리면 머릿속 소음이 초저녁 하늘색으로 변하곤
했어요.

어떤 날은 그 옆에 주저앉아 울기도 했어요.
그렇게 내 마음을 다 쏟아내도,
옥상 위 식물들은 다음 날이면 묵묵히 자라나고 있었어요.
꿋꿋하게 자라며 새로운 잎이 피어날 때마다 '괜찮아, 너도
잘하고 있어'라고 속삭이는 듯 위로가 되어 돌아왔어요.

혹시 지금, 마음 둘 곳이 없어 흔들린다면
잠시 멈춰 서서 숨을 고르게 쉬어보는 거예요.
내쉬며 찾아낸 나만의 안전기지가
다시금 움직일 힘을 되돌려 줄테니까요.

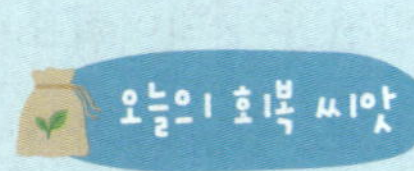

숨으로 찾아보는 안전기지
들이마시며 '지금 여기'를 느끼고,
내쉬며 나를 편안하게 하는 존재를 떠올려 보세요.
사람, 장소, 말 한마디도 괜찮아요.

그 이미지를 한 번 더 떠올릴 수 있다면, 당신은
이미 나만의 안전기지를 찾은 것일지도 몰라요.

틸란드시아는 다른 식물이나 물체 표면에 몸을
살짝 붙이며 안정적인 성장을 이어가요.
이 '착생' 덕분에 바람 속에서도 쉽게 떨어지지
않는답니다.

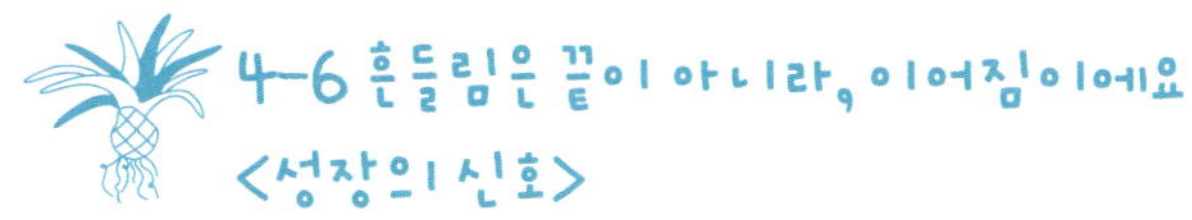

계획에 없던 변화는 혼란을 야기할 수 있어요.
나라서, 내가 못나서 느끼는 변화가 아니죠.
사소하게는 오늘 아침 일기 예보에 없던 날씨의 변화가 그렇죠.
갑작스레 퍼부은 폭우에 계획된 일정을 소화하지 못한채 열
병에 걸리기도 하니까요.

하지만 사소하든 크든
내 인생에 닥친 변화는 결국엔 나를 성장하게 만들어요.
과정의 힘듦과 괴로움은 그것을 위해
어쩔 수 없이 수반되는 얄미운 동반자 같다고나 할까요?
이상하리만큼 흔들려야 더 아름답게 피는 꽃이 있듯이요.

평소에는 가만히
자람도, 늘어뜨림도 없어 보이는 틸란드시아가 그랬어요.
햇빛을 받아 잎을 고요히 펼치고만 있는 듯했는데,

그러다가도 바람 한 점 없는 어느 오후에
예고도 없이 벼락같이 흔들리고서는
어느 시점엔 화려하게 꽃을 피우고 있더라고요.

단숨에 피운 게 아니었어요.
공기 속 수분과 먼지 같은 작은 영양분들을 조금씩 모으며,
아무도 모르게 긴 시간을 준비해 온 끝에 피어난 결과물이었죠.
겉으로 보기에는 혼자서 어떤 변화와 싸우고 있는 것인지 알
길이 없음에도 묘하게 사랑스러웠어요.

변화의 폭풍 속에서 살아나왔지만
또 다음 폭격을 대비해야 하는 어지러운 삶.
흔들리지 않고 피는 꽃은 없다지만
제가 바라본 틸란드시아는 꽤나 잦은 흔들림을 경험하는
식물이었어요.

우리의 삶도 멀리서 바라보면 이렇게 성장하고 있지 않을까
하는 생각을 했어요.
흔들림과의 사투에서 남긴 흔적으로 꽃을 이루고,
떨어진 꽃은 다시 새로운 새순을 기다리죠.

그렇게 계속 꽃을 피우는 틸란드시아를 통해
불확실함 속 떠오른 작은 배움을 느꼈달까요.

흔들림을 새로운 기회로, 성장으로, 삶으로 이어내는
틸란드시아처럼 우리도 이어짐의 과정을 배워야 해요.
변화는 결코 나를 무너뜨릴 수 없고, 끝낼 수 없으며
되려 새로운 시작의 발판일 뿐이라 생각해보는 거죠.

내가 바라볼 수 있는 새로운 시선이 나를 분명하게
성장시킬 거예요.
낯설다 두려워하지 말고,
혼란스럽다 흔들리길 피하지 않아 보는 거예요.

변화에게 건네는 유쾌한 말
오늘 마주한 작은 변화 하나를 떠올려보세요.
낯설고 불편했던 순간이어도 괜찮아요.
그 변화에게 조금 우스운 말 한마디를 건네봅니다.
"덕분에 조금 자랄 수 있겠네."
"흔들리긴 했지만, 괜찮았어."

이 우습고 귀여운 주문이 당신이 변화를 통과해
왔다는 증거가 되어줄 거예요.

틸란드시아는 흙에 뿌리를 내리지 않고도,
공기 중의 수분과 빛을 모아 스스로 꽃을 피워요.
흔들림 끝에 맺는 작은 꽃은 낯선 변화가 결국
새로운 가능성으로 이어진다는 걸 보여줘요.

낯선 변화 속에서 마음을 단단하게 붙잡는 연습

① 아침, 파란빛 한 모금

창문을 열고 하늘을 바라보며, 오늘 내 마음을 스치는 색을
떠올려보세요.
그 색에 이름 붙이기만 해도 혼란은 조금 덜 막막해집니다.

② 낯선 순간 멈춤

예상치 못한 일로 흔들릴 때, 1분간 눈을 감고 심호흡하세요.
"이 감정은 어디서 왔을까?" 질문을 마음속에 띄워보는
짧은 루틴입니다.

③ 안전기지 떠올리기

저녁, 가장 편안한 사람을 마음속에 불러내보세요.
"그 사람은 지금 내게 뭐라고 말해줄까?" 상상하는
것만으로도 심리적 안식처가 되어줄 수 있습니다.

- 오늘 내 마음을 가장 흔들리게 한 순간은 언제였나요?
- 그때 떠올린 '심리적 안전기지'는 누구였나요?
- 그 사람이 내게 건넬 말은 무엇일까요?

→ 틸란드시아가 뿌리 없이도 공기 중에서 살아가듯, 우리도 혼란의 한복판에서 관계와 기억을 버팀목 삼아 살아갑니다.

나를 다시
바라보는 시선

내면 전환 / 회색 / 무화과 새순 / 자기 강점 리스트 작성

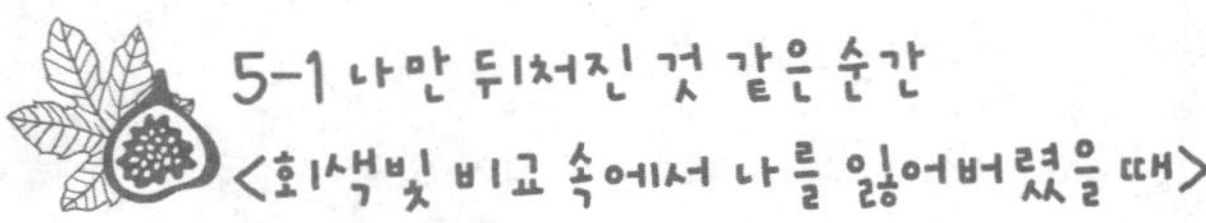

사회적 맥락 속에서 바라본 나는
한참이나 뒤늦게 물드는 가을 단풍 같았어요.
졸업 후 오랜 시간이 지나서야 취직을 했고,
주변 사람들이 결혼 소식을 전하며 청첩장을 돌릴 때에도
나는 여전히 이렇다 할 변화 없이 제자리에 머물러 있는 듯
보였죠.

남들과 나를 비교하는 순간,
마음은 회색빛으로 얼어붙곤 했어요.
분명 나도 걸어온 길을 성실히 살아냈는데,
남들의 시선 속에서는 한참이나 뒤처진 사람으로만
비춰지더라고요.

그럴 때 문득, 무화과 나무를 바라보았어요.
겨울 내내 가지는 바짝 얼어붙은 듯 까맣게 굳어 있었고,

겉으로 보기엔 더 이상 아무것도 자라나지 않을 것처럼 보였죠.
하지만 가까이 다가가 살펴보니, 가지 끝마다 조그마한
연두빛 새순이 얼굴을 내밀고 있었어요.
까맣게 얼어 있던 껍질을 살짝 밀어내며,
신기할 만큼 작고 단단한 기운으로 앞으로 뻗어 나오고
있었죠.

새순은 눈에 띄지 않을 만큼 작았지만,
"나는 여전히 살아 있고, 또 자라나고 있어" 하고
말해주는 듯했어요.
겨울의 회색빛 가지 위에 돋아난 푸른 새싹은 나의 비교와
자책 속에서 얼어 있던 마음을 흔들어 깨워주었죠.

가지 전체가 검게 말라 있는 것처럼 보였는데,
그 끝에서 푸릇한 새순이 돋아난 순간은 더없이 신비로웠어요.
같은 빛깔로 물들어야 한다는 듯한 사회적 시선 속에서도
무화과는 전혀 다른 색으로 자기만의 계절을 열어가고
있었거든요.
마치 같은 색을 강요받지 않아도 저마다 고운 빛깔로 삶을
이어갈 수 있다는 응원처럼 다가왔어요.

나도 어쩌면 누군가의 시선에는 여전히 제자리걸음처럼
보일지 몰라요.
하지만 분명한 작은 새순이 자라고 있었어요.
아직은 티 나지 않을 만큼 미약하지만,
그 자람이 모여 언젠가 계절을 바꾸는 힘이 될 거라는 걸
무화과 나무가 보여주고 있었던 거예요.

뒤처진 것처럼 보이는 이 길 위에도
분명 나만의 계절이 찾아올 거예요.
남과의 비교가 아니라,
내 안에서 돋아난 작은 푸른 새순 하나에 집중하는 것.
작은 시선의 전환이 나를 조금더 다채로운 색으로
이끌어주었어요.

오늘 하루, 내가 이미 키워내고 있는 '작은 새순'을 하나
떠올려 보세요.
사람들과의 비교 속에서는 보이지 않던 것이어도 괜찮아요.
"나는 오늘도 버텨냈어." 하며 내 안에서 이미 자라나고 있던
초록을 발견하는 것, 그 자체가 회색빛 마음을 풀어내는
시작이 될 거예요.

오늘의 작은 새순 기록하기
조금 덜 흔들렸던 순간,
예전보다 덜 미뤘던 선택,
나를 지키기 위해 멈췄던 작은 성취면 충분해요.
새순을 한 문장으로 남기는 것만으로도
자라고 있는 나를 확인하게 될 거예요.

무화과 나무는 겨울 동안 앙상하게 보이는 회색빛
가지 끝에서도 봄을 준비하는 새순을 틔워요.
가까이서 바라보지 않으면 알아채지 못할만큼 작게
돋아나지만 제 스스로 자리를 잡고 다시 꽃을
피워낼 준비를 한답니다.

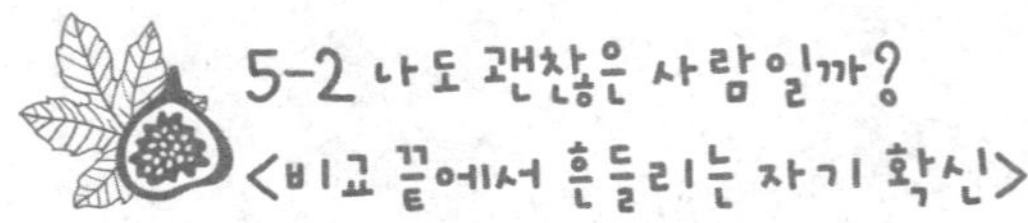

나의 작은 일상 안에서 고개만 돌려도
참 많은 사람들이 함께하고 있다는 걸 알게 돼요.
저는 스스로 인복이 많은 사람이라 생각해요.
어떻게 이렇게 늘 배울 점이 넘쳐나는 사람들이 곁에 있을까,
하는 마음을 품고 살아왔거든요.

누군가의 롤모델이 되어주는 어린 시절 친구,
어떤 말을 꺼내도 따뜻하게 받아주는 은사님,
이제는 든든하게 나를 지지해주는,
어리기만 했던 동생들까지.

그런데 신기하게도, 제 눈엔 충분히 빛나 보이는 그들조차
자신의 가치를 의심하며 살아가더라고요.
"내가 잘하고 있는 걸까?"
"나는 괜찮은 사람일까?"

그들의 물음이 내 마음에도 옮겨와
저 역시 흔들린 적이 있었어요.

그때 문득 떠올랐던 게 무화과 나무였어요.
무화과는 겨울 동안 멈춰 있는 것처럼 보여요.
잎도 떨어지고, 열매도 자라지 않죠.
앙상한 가지 끝,
동그란 눈에는 미세한 회색빛 껍질이 겹겹이 쌓여
겉으로는 텅 빈 나무처럼 보이죠.
하지만 가까이 들여다보면 작은 봉오리 같은 눈 속엔 이미
봄을 준비하는 새싹이 들어 있어요.
아직 보이지 않을 뿐, 이미 자람은 시작되고 있었던 거예요.

우리도 감정도 그렇지 않을까요?
타인의 칭찬에는 기분이 날아갈 듯 좋다가도,
사소한 한마디에 무너지고 흔들리곤 하죠.
자꾸만 남의 기준으로 나를 재단하다 보니
내 안에서 꾸준히 자라나고 있던 가능성의 눈길을
놓쳐버릴 때가 많아요.

무화과가 겨울부터 봄을 준비하듯,

우리는 이미 괜찮은 사람으로 자라나고 있어요.

각자의 삶 속에서 충분히 준비하고

많은 것을 이루며 살아가고 있어요.

남과 비교하지 않아도, 결과로 증명하려 하지 않아도

나 자체로 괜찮은 사람이에요.

저는 매일 저녁 잠들기 전 일기장에 오늘의 나를 기록해요.

그리고 날씨와 함께 느꼈던 감정과 일상을 짧게 써내려가요.

짧은 일기를 통해 아, 오늘도 괜찮은 하루를 살았구나.

그러니까 나는 괜찮은 하루 속 괜찮은 사람으로 머물렀구나

하는 생각을 하거든요.

어떤 것이든 나에게 긍정적일 수 있는 작은 루틴을

만들어 보세요.

무화과가 겨울부터 이미 새순을 품고 있듯이

우리 역시 이미 괜찮은 존재로 살아가고 있다는 걸 잊지

않도록 말이에요.

나만의 성장 일기 쓰기

오늘, 내가 하고 있는 작은 성장을 하나 적어보세요.
아직 남들에게 말하지 못할 만큼 사소해도 괜찮아요.

형식은 단순하면 좋아요.
"오늘의 작은 성장 : ______"
이 한 줄이면 충분합니다.

매일이 아니어도 괜찮아요.
이 기록은 나를 증명하기 위한 일기가 아니라,
나를 잊지 않기 위한 메모니까요.

무화과는 겨울에도 멈춰 있지 않고, 가지 끝 눈
속에 이미 봄을 준비하는 새싹을 품고 있어요.
드러나지 않아도 안에서 차분히 자라나는 힘이
있다는 걸 기억해 보세요.

개성이 충족되는 시대.

사실 지금은 서로의 다름이 꽤 존중받고 각광받는 시대예요.

꼭 공부를 잘해야 성공하는 것도 아니고,

특별한 개성이 있어야만 성공하지도 않죠.

꾸준함이 힘이 되기도, 특별함이 가속도를 붙여주기도 해요.

그럼에도 가끔은 제동이 걸릴 때가 있어요.

자기 어필을 잘하며 칭찬받는 동료들 사이에

나만 제대로 된 능력을 인정받지 못하는 것 같은 기분.

남들과 다르다는 게, 꼭 부족하다는 뜻일까요?

가끔은 칭찬받는 동료들 속에서

나만 제자리에 멈춘 듯 느껴질 때가 있어요.

정형화된 방식에서 벗어나면 돌아오는 말, "넌 참 별나구나."

개성이 존중되는 시대라지만,
여전히 반쪽짜리 어울림 속에 서있는 기분이 들곤 하죠.

우연찮게 선물 받아 거실 한 켠을 지키고 있는 무화과나무.
겉으로는 꽃을 피우지 않는 것 같지만,
사실 열매 속에 촘촘히 꽃을 품고 있거든요.
겉으로는 보이지 않아도, 열매 속에서는 이미 자기만의
방식으로 피어나고 있었던 거예요.

달고 맛있는 열매를 품고도 꽃을 피우지 못하는 나무라
생각했어요. 보편적이진 않지만 그 안에 숨겨진 고유함을
미처 몰라본 것이죠.
꽃이 없는 나무라 불리는 무화과지만 사실은 꽃과 열매를
모두 피워내는 특별한 나무였죠.

남들과 다른 길을 걷는다고 해서 그 길이 틀린 건 아니에요.
누군가는 드러난 봉오리로 아름다움을 전하고,
누군가는 속 깊은 곳에서, 조용히 꽃을 키워내죠.

다름은 부족함이 아니라,

아직 밖으로 드러나지 않은 가능성일지도 몰라요.

남들보다 부족한 게 아닐까?
다른 사람들과 다른 생각을 가진 것이 틀린 것은 아닐까?
하는 생각이 들었다면,
나만이 할 수 있는 순간을 기록해 보세요.

"나는 친구의 말에 끝까지 귀 기울여 주는 걸 잘해요."
"나는 집안 분위기를 환하게 만드는 내향형 애교쟁이에요."
"나는 길을 자주 잃지만 친구들보다 지도 읽기를 잘해요."

사소해 보이는 장면들이 쌓여,
결국은 무화과 열매 속 꽃처럼
당신만의 방식으로 세상에 드러나게 될 거예요.

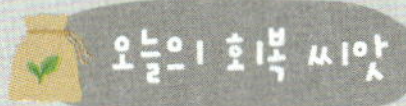

내가 나이기에 가능한 것 적기

오늘,

'내가 나이기 때문에 할 수 있었던 일' 한 가지를 적
어보세요.

대단하지 않아도 괜찮아요.

성격, 습관, 방식, 말투처럼

나에게서 자연스럽게 나온 행동이면 충분해요.

비교를 위한 목록이 아니라,

나만의 방향을 확인하는 지도에 가까워요.

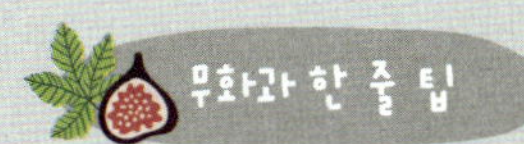

무화과는 열매 속에 꽃을 품고 있는 독특한
식물이에요.

열매 안에서 작은 꽃들이 모여 자라고 있답니다.

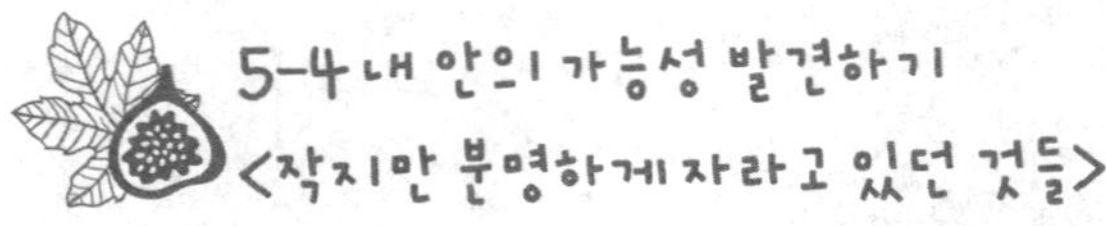

가끔은 사소한 일 하나에도 괜히 마음이 무너질 때가 있어요.
출근길, 눈앞에서 버스를 놓쳤을 뿐인데
몇 분 더 기다리면 될 일을 두고
'나는 왜 늘 이렇게 타이밍이 안 맞을까' 하며
스스로를 자책하게 되죠.

짧은 순간이 오늘 하루 전체를 흐려버릴 만큼
생각보다 크게 다가올 때가 있어요.
남들은 아무렇지 않게 넘길 상황인데,
나만 뒤처진 것 같아 괜스레 서러워지곤 하죠.

무화과 나무도 비슷해요.
충분한 양분을 얻지 못하는 날에는
부족함을 메우기 위해 뿌리를 더 깊고 단단히 내리거든요.
화분 밖으로 보여지는 모습으로 양분을 흡수하진 않지만

남아있는 에너지로 버티며 기회를 키워가는 거예요.
우리의 하루도 마찬가지예요.
겉으로는 버스 하나 놓친 작은 실패 같아 보여도
자칫하면 하루의 시작을 망쳐버릴 수도 있는
예민한 감정을 다스려 끈기라는 강점을 얻게 되어요.

겉으로는 작은 일에 불과하지만 사실 이러한 순간마다
우리는 생각보다 많은 연습을 하고 있는 거예요.
계획이 어긋나도 다시 길을 찾아내는 습관,
예기치 못한 변수 속에서도 나를 다잡는 경험이
반복 속에서 단단해지는 힘을 기를 수 있게 해줘요.

무화과 나무가 흔들릴때 마다 더 깊은 뿌리를 뻗으며
스스로를 지켜내듯, 작은 실패도 결국은 내면의 근력을
길러주는 과정일지 몰라요.

오늘 사소한 실패에 발목이 잡혔다면, 그 순간조차 나를
단단히 지탱하는 힘으로 변하고 있다는 사실을 잊지 말아요.
회색빛 하루 속에도, 뿌리를 깊이 뻗는 무화과처럼
당신의 내면은 여전히 자라나고 있답니다.

강점으로 변환하기

지나온 '작은 실패'를 하나 떠올려 볼까요.
그리고 그것을 통해 내가 길러낸 힘을 한 줄로 기록
해보는 거예요.

예를 들어, "버스를 놓쳤지만 덕분에 호흡을 고를 시
간을 가졌어."
"회의에서 해야할 말을 잊어버렸지만, 다시 정리할
수 있는 침착함을 배우게 되었어."
실패 같았던 순간이 사실은 강점으로 이어지고 있었
음을 기록 속에서 확인해 보는 거예요.

무화과는 하루 이틀 영양이 부족해도 쉽게 쓰러지
지 않아요. 그럴수록 뿌리를 더 깊게 내려 흙 속의
힘을 끌어올리거든요.
겉으론 잠시 버거워 보여도, 그 과정이 나무를 더
단단하게 키워주는 시간이 되어요.

가끔은 하루를 돌아봤을 때 잘한 것보다 못한 일들이 먼저
떠오를 때가 있어요.
완벽한 하루를 꿈꾼 건 아니었지만, 작은 소망 하나쯤은
지켜지길 바랐는데, 그마저도 어그러진 날이면 마음이 괜히
무거워져요.

사소한 실수 하나가 마음속에서 크게 부풀려지고,
다른 사람은 이미 잊었을 일인데 나만 며칠 동안 곱씹게
되었어요. 부족했던 부분에 대한 후회를 떨쳐내지 못한 채,
"나는 왜 늘 이럴까" 하는
자책으로 스스로를 몰아붙이기도 했죠.

타인의 실수에는 "그럴 수도 있지" 하며 무던히 넘어가던
마음도 정작 나 자신에게는 좀처럼 관대해지지 못할 때가
있어요.

나에게 가혹했던 날이면, 무화과나무가 떠오르곤 해요.

시원한 그늘을 드리울 만큼 넓게 자란 무화과 잎은

멀리서 보면 든든하고 무던해 보여요.

하지만 가까이 들여다보면 의외로 연약한 구석이 있어요.

넓은 잎은 작은 상처에도 쉽게 찢어지고,

곧장 흰 수액을 흘려내며 아픔을 드러내거든요.

그 모습이 "나 지금 다쳤어" 하고

조심스런 응석을 부리는 것 같았어요.

유독 나에게 가혹했던 날의 내 마음과 닮아 있는듯했죠.

그러고 보면 사람도 식물도 상처를 회복하는 데에는 시간이

필요해요.

비 온 뒤 도로 위 회색이 천천히 마르듯,

우리의 내면도 조급하게 다그치기보다 잠시 기다려줄 때

비로소 숨을 고르고 힘을 되찾을 수 있어요.

그런데 우리는 아물어야 할 상처조차 조급히 숨겨버리곤 해요.

아무렇지 않은 듯 덮어버린 마음이,

언젠가 더 깊은 자국이 되어 돌아올 수 있어요.

무화과나무처럼 넉넉한 그늘을 내어주는 존재일수록
많은 시간과 정성을 들여 돌봐주어야 해요.
우리 내면의 정원 속 그늘막도 마찬가지예요.
누군가에게 쉼과 위로를 내어줄 수 있는 마음이라면,
스스로에게도 그 따뜻한 방향이 흘러야 하지 않을까요?

나는 늘 부족하다며 몰아붙이는 대신,
"상처받은 지금의 나도 충분해"라고
말해주는 시선이 필요해요.
혹시 오늘 하루, 스스로를 유난히 심하게 다그치진 않았나요?
그럼에도 마음 편히 쉬어가지 못하고 있지는 않나요?

어떤 것이든 괜찮아요.
다그친 나를 통해서도, 쉼을 갈망하는 나를 통해서도
우리는 결국 더 단단해지는 길 위에 서 있으니까요.
때로는 그 단단함이 하루를 버티게 하고,
때로는 그 연약함이 나를 더 깊이 이해하게 만들어요.
차근차근,
나를 따뜻하게 바라보는 연습부터 시작해 보는 거예요.
실수했던 나였지만,

동시에 칭찬받을 나도 함께 떠올려 보는 거죠.

나를 아끼는 눈으로 바라본 하루가
결국은 나만의 길을 긍정하는 힘으로 이어져요.
상처를 다독이며 회복하는 시간이 쌓일수록
나만의 뿌리가 뻗어나가고 있다는 확신을 얻게 될 거예요.

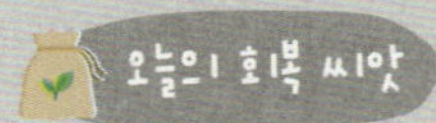

행동 칭찬하기

오늘 하루, 나에게 칭찬해 주고 싶은 행동 두 가지를
적어볼까요?
예를 들면,
"나는 오늘 피곤했지만 끝까지 약속을 지켜냈어."
"나는 지친 몸에도 불구하고 친구의 이야기를
끝까지 들어주었어."
아주 작은 장면이라도 괜찮아요.

나를 칭찬하는 단 두 줄. 그 두 줄이면 충분합니다.
스스로를 다독여주는 다정한 시선이 되어줄 테니까요.

풍성하게 자라 그늘을 드리우는 무화과 잎은 여름
날 쉼터가 되어줘요. 하지만 그만큼 섬세해서 작은
상처에도 금세 수액을 흘려내곤 하지요.
회복에는 시간이 필요하니, 조심스레 다루며 곁에
두면 오래도록 푸른 그늘을 내어줄 거에요.

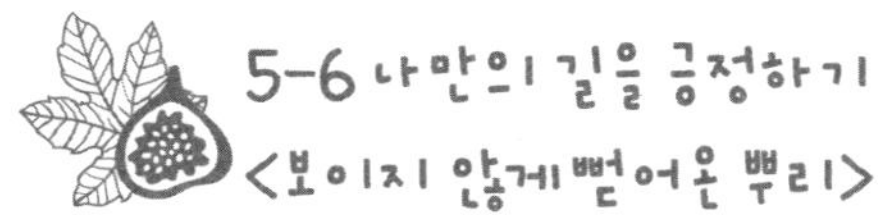

사람은 살아가며 늘 타인과의 비교 대상에 놓이곤 해요.
옆 사람보다 더 빠르게, 더 크게, 더 눈에 띄어야만
인정받을 수 있고 성공했다는 말을 들을 수 있을 것 같죠.

회의 자리에서 같은 프로젝트를 맡았는데
동료의 성과만 크게 주목받을 때,
친구들의 진급이나 이직 소식을 들으며
나만 제자리에 머물러 있는 것 같을 때,
밤이 되면 SNS 속 화려한 일상과 나를 견주며
괜스레 초라해지는 순간.

부정적 비교에 지속적으로 노출되면
내가 지금 이 자리에서 다한 최선조차
게으름으로 치부되거나 낙오자로 보일 때가 있어요.
그렇게 나의 정도가 부정적으로 인식되기 시작하면

스스로의 방향을 잃어버리기 쉬워져요.

무화과나무는 상처에 민감하지만
손바닥처럼 커다랗게 펼쳐진 잎은 짙은 그늘을 드리워요.
겹겹이 드리워진 잎은 멀리서도 금세 눈에 띄어
자신의 자리에 서 있다는 사실만으로도
사람들에게 표식이 되고, 방향을 알려주는 길잡이가 되어요.

햇빛을 받아 선명히 드리운 무화과 잎 그림자는
길을 걷다가도 문득 멈춰 서게 만드는 힘이 있어요.
실제로 무화과나무는 지중해, 남부 유럽 지역 길가에 심어져
지나던 사람들이 쉬어가던 장소가 되기도 했어요.

무화과나무의 그늘이 길 위의 사람들에게 쉼과 방향을 주었듯,
우리의 삶 역시 누군가에게 그런 이정표가 되어줄 수 있어요.

비교 속에서 늘 부족해 보였던 나였지만,
나의 자리에서 묵묵히 뿌리내린 발걸음은
누군가에게는 이미 빛이자 그늘이 되고 있었는지도 몰라요.
방황하던 내 삶이,

방황하는 누군가에겐 길을 잃지 않게 해주는 표식이 되는 거죠.
성장은 남보다 더 빠른 속도에서만 오는 게 아니에요.

서 있는 그 자리에서, 이미 만들어내고 있는 영향 안에서,
우리는 충분히 빛나고 있어요.

혹시 당신에게도
자신의 자리에 있어주는 것만으로 힘이 되었던 사람이 있지
않았나요?
그렇다면 지금의 당신 역시,
이미 누군가에게 그런 존재일지 몰라요.

당신이 건넨 사소한 말,
아주 작은 행동,
혹은 존재 자체가 길잡이가 되었던 순간을
하나 떠올려 보세요.

그 기억은 오늘의 당신이 이미 충분히 온전한 잎이라는
의미가 되어줄 거예요.

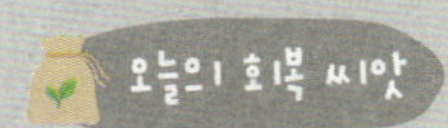

건너온 흔적 돌아보기
과거의 어느 순간을 하나 떠올려 보세요.
내가 무언가를 해냈던 장면이 아니라,
누군가에게 닿았던 기억이면 충분해요.

곁에 있어주었거나 건넨 말이 오래 기억에 남았다고
전해 들었던 순간,
내가 이미 누군가의 하루에 의미가 되었던
사람이라는 조용한 흔적을 떠올려 보는 거예요.

무화과의 넓은 잎은 손바닥처럼 펼쳐져 짙은
그늘을 만들어요. 여름날 쉼터가 되기도 하고,
멀리서 길을 잃은 이들에게 표식이 되기도 하지요.
묵묵히 자리 지키는 모습만으로도 누군가에게는
든든한 길잡이가 되어줘요.

회색빛 비교 속에서 나만의 색을 발견하는 연습

① 비교 멈춤 타이머

SNS를 스크롤하다가 마음이 무거워질 때,
휴대폰을 내려놓고
"나는 지금 무엇과 비교하고 있지?" 한 줄 적어보세요.

② 새순 메모

오늘 내가 잘한 아주 사소한 일 하나를 기록해보세요.
무화과의 새순처럼, 작은 성취도 내 안의 가능성을 자라게
합니다.

③ 강점 리스트 3가지

잠들기 전, 오늘 내가 발휘한 장점을 3가지 써보세요.
"친절했다, 끝까지 했다, 웃었다"처럼 짧아도 좋아요.

- 오늘 내가 가장 비교했던 대상은 누구였나요?
- 비교 속에서 나는 어떤 감정을 느꼈나요?
- 그 감정과 나를 분리하면, 내 안에 어떤 가능성이 남아있나요?

→ 회색빛 속에서도 새순은 돋아납니다.
  비교 대신 강점에 집중할 때, 내 삶의 색은 점점 짙어집니다.

에너지가 바닥난 자리에서
다시 시작하는 질문들

재충전 / 주황 / 해바라기 / 스스로에게 질문하기

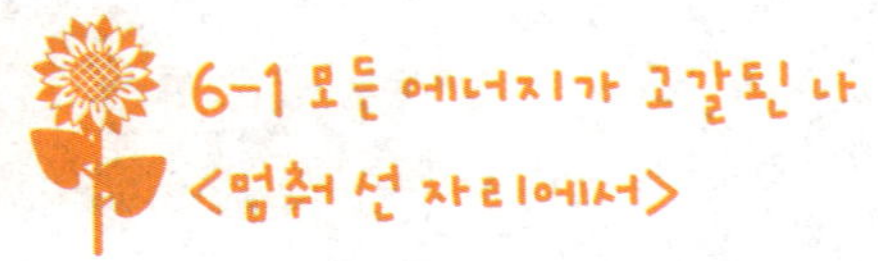

주말 내내 쉬어도 피로가 풀리지 않을 때가 있어요.
몸은 무겁고, 마음은 텅 빈 듯 아무 의욕도 나지 않을 때
"이제는 정말 바닥이 난 걸까?" 하는 생각이 불쑥 올라오죠.

아직 해야 할 일들은 산더미 같은데
마음은 이미 너무 많은 것을 해버린 것만 같았어요.

출퇴근길 버스에서는 풀리지 않는 피곤함을
고개를 꺾은 채 잠으로 대신 메우곤 했어요.
책상 위 서류는 글자가 빼곡했지만
눈으로 훑어도 머릿속엔 들어오지 않았어요.
일을 해도, 쉬어도, 마음은 좀처럼 가벼워지지 않고
무거워진 하루가 이어졌죠.

그렇게 피곤함의 고갯짓을 반복하던 어느 날.

옥상 한가운데 서있는 해바라기가 눈에 들어왔어요.
처음 싹이 돋았을 때부터 씩씩하게 자라던 모습이
얼마나 기특했는지 몰라요.

한 뼘 남짓 작은 새순일 때부터
"넌 어떤 바람에도 꺾이지 않겠구나."
하고 감탄하던 기억이 아직도 선명해요.

그런데 어느 순간부터 해바라기의 고개가
조금씩 아래로 기울기 시작했어요.
바람 때문인가 했는데, 가까이 다가가 보니 꽃 머리 안에
씨앗이 가득 들어차 있었어요.

수천 개의 씨앗을 품은 머리는 생각보다 무거워 보였어요.
햇볕을 따라 줄기와 봉오리를 온몸으로 비틀며
양분을 흡수하던 그때보다,
한껏 지쳐 보였거든요.

하지만 해바라기의 숙임은 무너짐의 표시가 아니에요.
씨앗을 품어내는 과정이 무르익었기에

잠시 고개를 숙이고 있을 뿐이라는 걸 알아요.

온 힘을 다해 받아들인 에너지를 전부 쏟아낸 뒤에 찾아오는,
어쩌면 너무도 당연한 과정.
모든 힘을 다 써버린 것 같아도
지금의 지친 순간은 끝이 아니라
회복을 준비하는 시간이죠.

우리가 흔히 번아웃이라 부르는 지침 역시 그렇지 않을까요?
다시 살아가기 위한 에너지를 채우는 과정,
잠시 머무는 휴식의 신호일 뿐이에요.

주황빛은 신호등의 경고등처럼 "멈춰"라고 말하지 않아요.
"잠시 쉬어가도 괜찮다"라는 부드러운 안내등 같아요.
나를 멈추게 하는 피로가 찾아왔다면,
그건 더는 가지 못한다는 선언이 아니라,
그저 회복을 위한 시간이라는 알림이에요.

마음이 무겁게 가라앉아 뜻대로 따라오지 않는 하루였다면
억지로 일어서려 하지 않아도 괜찮아요.

늘 곧게 서 있던 해바라기조차

잠시 눈꺼풀을 감듯 고개를 숙이니까요.

이 시간은 꺾임이 아니라,

다시 일어서기 위한 도약이 되어줄 거예요.

신호 관찰하기

오늘은 가장 편안한 자세로
몸이 보내는 신호를 가만히 관찰해 보세요.
가장 무겁게 느껴지는 곳이 어디인지.
눈꺼풀인지, 어깨인지, 혹은 마음인지.

그리고는
"괜찮아, 지금은 쉬어도 돼."라고 말해 주세요.
숙여진 해바라기의 고개가 다시 곧게 서듯,
당신을 다시 일어서게 할 시간을 저장해 줄 테니까요.

해바라기는 꽃을 피운 뒤 씨앗이 무르익는 동안
꽃머리가 무거워져 천천히 고개를 숙여요.
지쳐 보일 수 있지만, 새로운 생명을 준비하는
자연스러운 과정이에요.

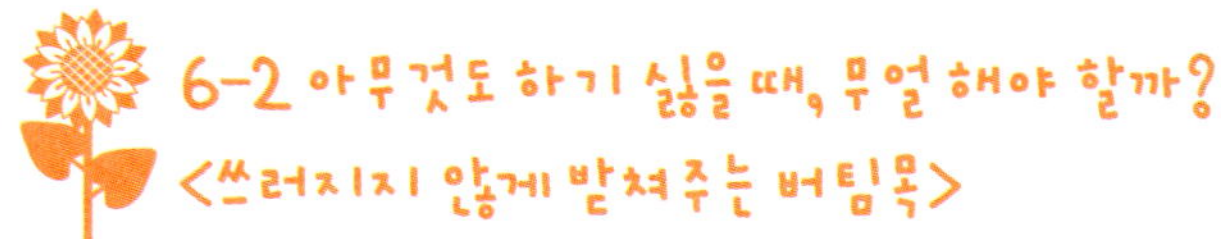

무기력은 평범한 일상을 평범히 보내고 있는 와중에도
자연스럽게 하루 안으로 스며들곤 해요.

산더미처럼 쌓여 있는 할 일들 앞에서 멀어지고 싶어지고,
무엇을 먼저 해야 할지 몰라
결국 아무것도 하지 못한 채 시간을 흘려보내 버리죠.

혼자 있는 시간을 줄여보면 나아질까 싶어 잡아두었던
약속까지 모두 취소한 채 멍하니 침대에 누워있는 날이
늘어만 갔어요.
시간이 지나면 괜찮아지겠지 하며 기대했던 마음은
오히려 불안으로 덮여 더 무거워져 버렸어요.

시간이 흐를수록 오히려 피로와 불안이 겹겹이 쌓여
끝내는 나를 더 지치게 하는 웅덩이가 된 거죠.

해바라기는 해야 할 모든 것을 한 번에 감당하려 하지 않아요.
햇볕을 향해 고개를 돌리며,
지금 가장 필요한 단 하나의 에너지를 따라가요.
고개가 무거워도 줄기를 꼿꼿이 세우려 애쓰며
햇볕을 조금이라도 더 받아내기 위해 노력해요.
자신이 가진 힘을 끝까지 줄기에 몰아주는 거죠.

그런 해바라기의 모습이 꼭 우리 일상과 닮아 있어요.
피곤한 몸을 이끌고서도 출근길에 오르는 아침,
눈꺼풀은 무거워도 책임감 하나로 책상 앞에 앉아 있는
순간처럼요.

스스로를 붙잡기 위해 안간힘을 쓰는 장면은
해바라기와 우리가 들려주는 버팀의 이야기가 될 거예요.

다만 새찬 바람에 흔들리는 순간이면 곁에 세워진 작은 지지
대를 필요로 하기도 해요.
지지대에 몸을 기대어야 더 오래, 더 곧게 설 수 있다는 것을
본능적으로 깨우친 거죠.

사람도 그래요.

아무것도 하기 싫은 날 그대로 내버려두기보다는,

작게라도 나를 붙잡아줄 무언가를 세워둘 필요가 있어요.

누군가의 잔잔한 위로일 수도 있고,

매일 반복하는 짧은 루틴일 수도 있어요.

혹시 오늘도 모든 게 하기 싫게 느껴진다면,

지금 이 순간,

내가 가장 하고싶은 한 가지에만 집중해 보세요.

아주 사소해 보여도 괜찮아요.

자그마한 움직임이 해바라기의 지지대처럼,

흔들리던 나를 다시 세워줄 수 있을 테니까요.

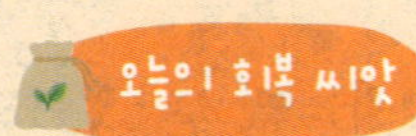

하나만 해도 괜찮은 날

오늘 하루에 필요한 일을 전부 떠올리려 하지 말고
가장 하고 싶은 한 가지만 골라보세요.

끝내지 않아도 괜찮아요.
시작하거나, 잠깐 손을 대는 것만으로도 충분해요.
오늘은 버티는 하루가 아니라,
나를 다시 세워보는 하루로 두어도 괜찮아요.

해바라기는 무거운 꽃머리를 버티며 자신만의
이야기를 써 내려가요.
줄기가 꺾이지 않도록 지지대를 세워주면,
안정적으로 숙임의 시간을 지나며 씨앗을 단단히
키워낸답니다.

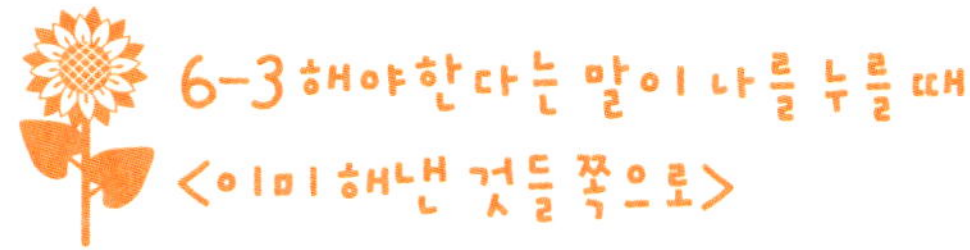

'해야 한다'는 말이 묘하게 무겁게 들릴 때가 있어요.
단 하루만 쉬고 싶은데, 오늘 안에 마무리해야하는 프로젝트,
기대하는 사람들을 실망시켜선 안 된다는 책임감,
쌓여가는 집안일까지.
즐겁게 시작했던 일도 어느새 '의무'라는 이름으로 굳어져
버티기 힘든 짐처럼 어깨를 눌러오곤 합니다.

저도 그런 날이 있었어요.
퇴근길 버스 창문에 비친 제 어깨는
평소보다 더 축 늘어져 있었죠.
휴대폰 알림은 쉴 새 없이 울리고,
머릿속은 "해야 한다"는 의무감으로 가득했어요.
해야 할 일은 산더미 같은데
정작 무게에 짓눌려 아무 것도 손에 잡히지 않았죠.

그럴 때 또 다시 떠오른 건 해바라기였어요.
씨앗을 가득 품은 채 고개를 숙인 모습이
지쳐 고개를 떨군 제 자신과 닮아 보였거든요.
멀리서 보면 힘이 빠져 쓰러진 것 같지만,
가까이 다가가 보면 줄기는 오히려 굵어지고 단단히 메워져
있었어요.
그동안 햇빛을 받아낸 에너지가
줄기 속에 고스란히 쌓여 있었던 거예요.

분명 힘겹게 느껴졌을 거예요.
하지만 그건 무너짐이 아니라,
이미 품어낸 성취의 결과물이었어요.
씨앗을 품은 꽃머리는 무거워진 만큼
새로운 가능성을 준비하고 있었던 거죠.

생각해보면 우리의 책임감도 그래요.
"해야 한다"는 말에 눌려 숨이 막힐 때도 있지만 그 안에는
내가 이미 쌓아온 경험과 성실함이 함께 들어 있어요.
무겁다는 건 내가 나를 버려둔 게 아니라
그만큼 열심히 살아왔다는 뜻일지도 몰라요.

해바라기의 굵은 줄기가 결국 고개를 다시 세우듯,
오늘의 무게 또한 내일을 버티게 하는 기둥이 될 수 있어요.

해야 한다는 압박 대신,
이미 해낸 일의 성취로 시선을 돌려보세요.
작은 성취들이 쌓여 결국은
당신을 다시 일으켜 세우는 버팀목이 될 거예요.

'해야 할 일'을 '이미 한 일'로 바꾸기

오늘 나를 무겁게 했던 '해야 할 일'을 하나 적어보세요.
그리고 그 문장을 이미 해낸 행동 중심으로 바꿔
써보는 거예요.

"발표 자료를 만들어야 해"
⋯→ "나는 오늘 자료의 첫 장을 채웠어."
"집안일을 끝내야 해"
⋯→ "나는 오늘 한 공간을 정리했어."

완성하지 못해도 괜찮아요. 이 연습은 나를 채찍질하
려는 게 아니라, 이미 움직이고 있는 나를 알아보는
방식이니까요.

해바라기의 굵은 줄기는 무거운 꽃머리를 버티기
위해 점점 단단해져요. 무게가 있다는 건 그만큼
햇빛과 양분을 잘 받아냈다는 증거이기도 해요.
우리 역시 무게를 두려워할 필요 없어요.
오늘의 책임감이 내일을 버티는 힘으로 바뀔 수
있으니까요.

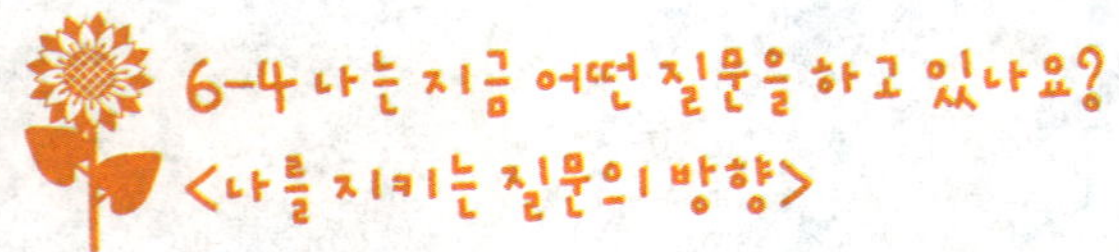

일과를 마무리하고 잠들기 전,

일기장 속 문장을 정리하곤 해요.

짧은 하루의 기록을 남기다 보면, 어느새 무심코 내게 여러

질문을 던지게 되죠.

질문의 방향은 그날의 기분에 따라 매번 달라집니다.

특별히 심경의 변화를 일으킬 만한 사건이 없었는데도,

마음이 가라앉는 저녁이 있어요.

"왜 이렇게 힘이 들지?"

"내가 가고 있는 길은 제대로 된 선택일까?"

단순한 질문이지만, 툭 던져 놓고 나면

잠들기 어려울 만큼 마음 한 켠을 무겁게 만들곤 하죠.

질문은 생각보다 큰 힘을 지녀요.

한 글자 차이, 한 뉘앙스의 차이가

나를 더 깊은 구덩이로 끌어내리기도 하고,
반대로 회복의 발판이 되기도 하니까요.

"왜 이렇게 힘이 들지?"라는 말은
내 안의 부족함을 자꾸만 들추어내지만,
"힘이 드는 만큼 내가 해내고 있는 게 있지?"라는 질문으로
바꾸면 그 순간만큼은 스스로를 지켜주는 방어막이 되어
줍니다.

해바라기의 줄기를 가만히 바라보고 있으면
온몸이 하얀 잔털로 뒤덮여 있는 걸 볼 수 있어요.
스스로를 지키기 위한 새하얀 질문으로 감싸 놓은 것은
아닐까 생각했어요.

멀리서 볼 땐 활짝 웃는 노란 꽃이 먼저 보이지만,
사실은 웃음을 지켜내기 위해 보이지 않는 작은 무기들을
온몸에 품고 있던 거죠.
작은 털 하나하나가 바람과 해충을 막아내며
꽃이 무사히 계절을 살아낼 수 있도록 보호해 주거든요.

불필요해 보이던 것들이 쓸모가 되듯,

우리가 스스로에게 던지는 질문도 그래요.

자책과 불안으로 기울어지게 하는 질문은

나를 닫아버리게 만들지만,

회복과 가능성을 바라보게 하는 질문은

보이지 않는 방패처럼 내 마음을 지켜주니까요.

그래서 오늘의 실천은 조금 어려울 수도 있어요.

나를 다그치는 문장이 아니라,

나를 지켜주는 질문을 하나 만들어 보는 거예요.

이렇게 바꿔 보는 것만으로도 마음의 온도가 달라져요.

저는 오늘 저에게 이렇게 물어볼 생각이에요.

"내가 걷고 있는 이 길 끝에서 바라보고 싶은 풍경은 무엇일까?"

아직 대답하지 못해도 괜찮아요.

이 질문은 해바라기의 잔털처럼,

불어오는 거센 바람에도 쉽게 상처 입지 않도록

나를 지켜주는 보이지 않는 방패가 되어줄 테니까요.

하루의 끝에 건네어 본 질문 하나가

내일의 나를 조금 더 단단히 세워줄 거라 믿어요.

그리고 삶의 어떤 시간 속에서도

나를 최우선으로 사랑할 수 있게 이끌어 줄 거예요.

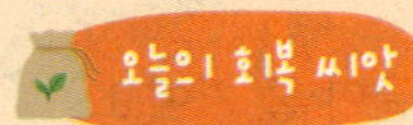

나를 지켜주는 질문 만들기

최근 가장 자주 떠올랐던 질문을 하나 적어보세요.

나를 몰아붙이던 말이어도 괜찮아요.

그 문장을 나를 이해하려는 질문으로 살짝 바꿔봅니다.

"나는 왜 이렇게 지쳐 있지?"

…"지칠 만큼 애써온 오늘, 나는 무엇을 지나오고 있을까?"

이 질문은 답을 내기 위한 것이 아니라,

오늘의 나를 함부로 대하지 않겠다는 약속에 가까워요.

해바라기의 잎은 거친 털로 덮여 있어 바람과

해충으로부터 몸을 보호해요. 겉으로는 눈에 띄지

않지만, 섬세한 방패 덕분에 꽃은 건강하게 자라날

수 있답니다.

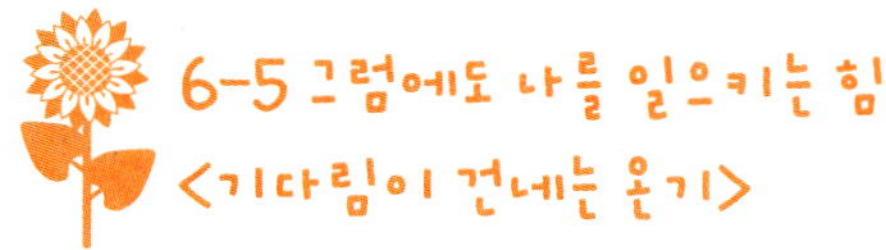

이른 퇴근으로 여유가 생긴 어느 오후.

가로수가 사방으로 뻗어있는 조용한 길을 가만히

걸어보았어요.

푸른 나무와 따듯한 햇살,

그리고 그 사이를 비집고 들어온 맑은 하늘.

곧 찾아올 저녁 노을을 반기듯

낮게 깔린 주황빛의 설렘까지

지친 하루 중 나를 숨쉬게 하는 것들에

새삼 고마움을 느낀 하루였어요.

고개를 들어 바라볼 생각조차하지 못했던 하늘에서

온종일 쌓여있던 답답함을 잠시 털어버릴 수 있었거든요.

그래서일까요.

퇴근길 가만히 걷던 골목,

문득 눈길이 닿은 작은 꽃집 앞에

예쁘게 묶인 해바라기 다발이 보였어요.

특별히 의미를 둘 장면은 아닐지 모르지만

그 순간은 이상하게도

"다 괜찮아질거야" 하는 위로처럼 다가왔어요.

모든 에너지가 다 빠져나간 듯한 날들이 이어지는 동안

우리를 다시 일으켜 세우는 건 거대한 동력이 아니라

거창한 동력 속 숨은 따듯함을 발견할 때인 것 같아요.

해바라기의 꽃말은 "기다림"과 "당신을 사랑해요"예요.

"당신을 사랑해요"라는 꽃말은

꼭 타인에게만 전하는 말 같지만,

번아웃 속에서 지쳐있는

나 자신에게 가장 먼저 전해주었어야 할 말이었을지 몰라요.

회복을 기다려주는 건 곧,

지친 나 자신을 사랑하는 방식이니까요.

지루해 보이는 일상 속에 가려져있던 따스한 기다림이

다른 누구도 아닌 나 자신을 살려내는 사랑이 될 거예요.

꽃다발을 받는 사람들이 유난히 기뻐하는 건
나에게 전해진 꽃다발이 만들어진 과정을
떠올리기 때문이라고 하죠.
꽃집에 들어가 어울리는 꽃을 고르고,
꽃들이 함께 묶이는 순간을 기다리며
마음을 담는 시간 자체가 설렘이 되는 거예요.

누군가를 위해 준비하는 꽃다발이 그렇듯,
나에게 선물하는 꽃 한 다발도 같은 의미로 다가올 수 있어요.

오늘은 지친 하루를 웃게 할
작은 꽃다발을 나에게 선물해 보세요.
"회복을 기다려주고 있는 나 자신"을 확인하는 순간이
될 거예요.

나에게 작은 꽃다발 건네기
오늘 하루를 떠올리며,
나를 조금이라도 웃게 할 작은 것을 하나 골라보세요.

좋아하는 차 한 잔,
잠깐의 산책,
괜히 미뤄두었던 휴식도 괜찮아요.
'아직 회복 중인 나'를 외면하지 않았다는
작은 표시가 되어줄 거예요.

해바라기는 바라만 봐도 희망과 낙천을 건네는
꽃이에요. 밝은 빛깔 속에는 "기다림"과 "당신을
사랑해요"라는 꽃말이 숨어 있답니다.
지친 마음에 작은 위로가 필요할 때, 해바라기를
떠올려 보세요.

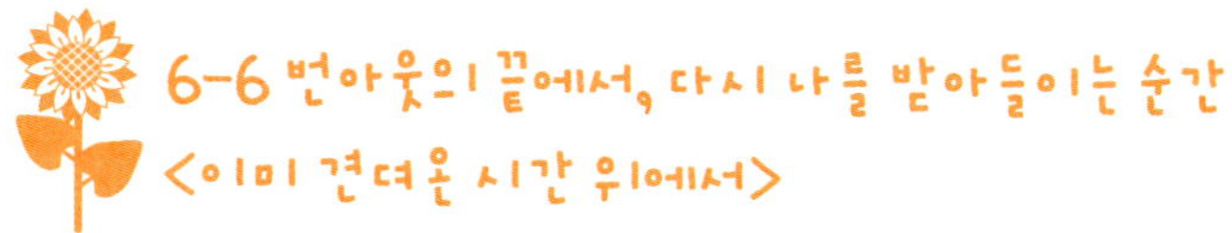

매일같이 반복되는 감정의 소용돌이 속에서

이 어둡기만 한 지침의 고리가 정말 끊어질 수 있을까?

절망이 오래도록 이어지곤 했어요.

"되돌아갈 수 없으면 어쩌지?"

"회복할 수 없는 나도 끝내 보듬어야 하는 걸까."

스스로를 애써 다독이며 버텼던 날들이 있었죠.

그러던 어느 날, 친구와 함께 떠난 여행에서의 일이에요.

고기를 굽고, 파스타를 만들고, 샴페인을 따며

모든 준비를 마치고 식탁에 마주 앉았을 때,

창문을 넘어 식탁 위로 스며든 빛이 있었어요.

언제부터 이렇게 들어와 있었을까 싶은

따스함 때문이었을까요?

서로 아무 말도 하지 않았는데, 동시에 눈물이 흘러내렸어요.

곧 우습게도, 우리는 서로의 눈물을 바라보다가
멋쩍게 깔깔대며 웃어버렸어요.
울음인지 웃음인지 모를 그 순간이
동굴 속에 갇혀 있던 마음을
밖으로 꺼내주는 작은 조각이 되어주었죠.

그때 비로소 깨달았어요.
나를 밝혀줄 빛은 내 안에 오래 갇혀 있던 마음을 열어젖히는
아주 작은 틈에서 스며든다는 것을요.

낮 동안 해를 따라 부지런히 고개를 돌리던 해바라기도
저녁이 되면 서서히 고개를 한 방향으로 멈추고
내일을 향한 회복을 준비하는 것처럼요.

각자의 어둠을 표현하는 단어는 다르겠지만,
그것이 우울이든 번아웃이든,
이렇게 사소하게 번지는 웃음 하나가
끝이 보이지 않을 것만 같던 고리를 끊어주기도 해요.

지독했던 혼란스러움을 지나 나를 다시 받아들이는 시간.

혼란의 뒤편에서 기다리고 있던 해바라기의 또 다른 시간은
방향을 잃지 않고 새로운 계절을 준비하는 회복의 상징
같아요.

그동안 던져온 수많은 질문과 다짐들이 헛되지 않았다는
반증이자, 지침의 고리를 끊어낼 수 있는 건 결국 '나'라는
사실을 알려줘요.
멈춰 있는 듯 보여도 다음을 위한 에너지가 차곡차곡 쌓이고
있는 거예요.

오늘은 질문 대신, '내가 이미 견뎌낸 순간'을 적어볼 거예요.
한동안 멈춰 있던 것을 다시 시작하기로 마음먹은 경험,
그 자체가 이미 회복을 향한 발걸음이니까요.

다시 움직였다는 신호 모으기

최근에 다시 손을 뻗었던 순간을 하나 떠올려 보세요.
오랫동안 펼치지 않던 책을 한 장 읽었을 수도 있고,
미뤄두었던 산책을 다시 나갔던 순간일 수도 있어요.

아주 사소해 보여도 괜찮아요.
한 줄로 적어보세요.
내가 멈춰 있는 사람이 아니라,
다시 움직이기 시작한 사람이라는 신호가 되어줄
거예요.

해바라기는 밤에도 줄기를 세운 채 고요히 서
있어요. 낮 동안 품은 에너지가 꽃을 지탱하기
때문이지요. 보이지 않는 순간에도, 회복은 이미
내 안에서 자라고 있어요.

지쳐버린 나에게 따뜻한 질문을 건네는 연습

① 에너지 체크인

하루를 시작하며

"오늘 내 에너지 지수는 10점 만점에 몇 점일까?"

숫자로 적어보세요. 낮은 점수라도 괜찮습니다.

② 해야 한다 멈춤

'해야 한다'는 말이 떠오를 때, "정말 지금 해야 할까?"

스스로에게 되묻는 10초의 멈춤. 질문 하나가 피로의 무게를

덜어줍니다.

③ 나에게 보내는 질문 카드

하루 끝, 노트에 질문 하나를 적어두세요.

"오늘 나를 웃게 한 순간은 언제였을까?"

내일의 내가 답할 수 있도록 남겨두는 작은 루틴입니다.

- 지금 내 몸과 마음이 가장 필요로 하는 건 무엇인가요?
- '해야 한다' 대신,
  '하고 싶다'로 바꿀 수 있는 일은 무엇인가요?
- 오늘 나에게 해주고 싶은 가장 따뜻한 질문은
  무엇인가요?
- → 해바라기가 태양을 따라 고개를 돌리듯,
  우리도 질문을 따라 고개를 들어 다시 빛을 향해
  움직일 수 있습니다.

7장

나를 품는
사랑의 방식

자기 수용, 사랑 / 분홍 / 홍매화 / 내가 잘한 일 적기

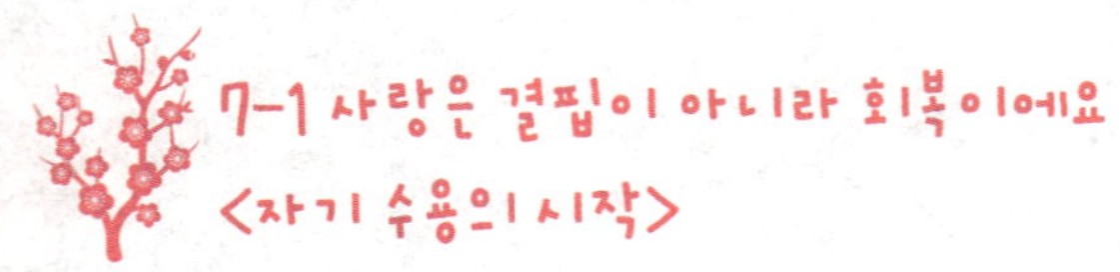

세상 모두가 내 편이 아닌 것 같아
외로움이 결핍처럼 느껴지는 날이 있었어요.
하루를 마무리하고 돌아보면,
괜스레 허전하게 느껴지는 순간.

평소처럼 건네던 인사도, 웃음도
그 안에 다른 의미가 숨어 있는 건 아닐까 하는 의심이 자꾸
번지곤 했죠.
"홀로 서 있는 나를 지켜준다"라는 말조차 믿기 어려워
진짜 내 편이 단 한 명이라도 있었으면 좋겠다고 바라던
순간들.

그럴 때면 사랑이란 건 늘 누군가에게 받아야만 하는 것처럼
느껴졌어요.
그래서 채워지지 않으면 더 허전하고, 모자란 듯 불안했죠.

하얗게 얼어버린 세상이
꼭 까맣게 닫혀버린 내 마음 같았거든요.

아직 잎조차 돋지 않은 한겨울,
가장 먼저 꽃망울을 터뜨리며 계절을 알리는 홍매화를
만나기 전까지는요.

눈발에 가려질 듯 피어난 홍매화는
마치 겨울 하늘에 찍힌 작은 횃불 같아요.
매서운 바람에도 움츠러들지 않고, 스스로 꽃을 피워내죠.

얼어붙은 계절 한가운데서,
작은 꽃의 존재만으로도
봄이 반드시 찾아올 거라는 약속처럼 보였죠.

그 모습에서 배웠어요.
사랑이란 누군가가 채워줘야만 하는 게 아니라,
내가 나를 바라보는 따뜻한 시선에서 회복될 수 있다는 것을.

결국, 마음의 빈틈을 채운 건

다른 누구도 아닌 나 자신이었어요.
얼어버린 세상에서도 꽃을 피우는 홍매화처럼
내 마음을 녹일 회복의 시간이 필요했어요.

스스로를 다독이고, 다시 일으켜 세우는 힘이 있어야
비로소 그 모든 시선에서 자유로울 수 있다는 걸
조금씩 깨닫게 된 거죠.

지날 수 있어요.
결핍처럼만 느껴졌던 사랑은,
결국 나를 회복하는 힘으로 변할테니까요.

"나는 충분히 괜찮은 사람이잖아."
"지금 이대로 충분히 사랑받을 자격이 있어."
내 마음에 위로가 되었던 문장을 정해두고 반복해서 말해보
는 거에요.
홍매화가 겨울 한가운데에서도 꽃을 틔우듯,
나도 나를 향한 시선 하나로 충분히 다시 피어날 수 있어요.

나를 향한 문장 정해두기

오늘부터 나를 향한 문장 하나를 정해보세요.
있는 그대로 괜찮다고 말해주는 문장이면 좋아요.

아침이나 잠들기 전,
이 문장을 한 번만 속으로 불러봅니다.
나를 바꾸기 위함이 아니라
이미 충분한 나를 놓치지 않기 위해서요.

홍매화는 매서운 겨울 추위에도 가장 먼저 꽃을
피워내요. 계절 속에서 삶의 회복력과 새로운
시작을 알려준답니다.

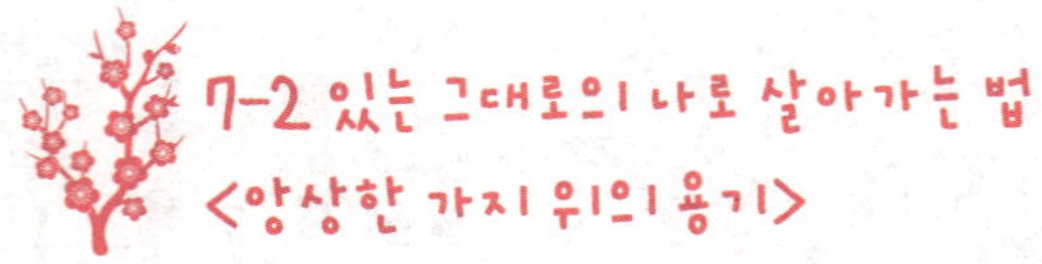

모든 게 완벽해야만 마음이 편해지는 날이 있어요.
계획대로 흘러가야 안심이 되고,
누군가의 기대에 닿아야 내가 괜찮은 사람 같죠.
그래서인지 조금만 흔들려도
나는 왜 이렇게 부족할까, 쉽게 나를 몰아붙이곤 해요.

홍매화는 잎이 아직 피지 않은 앙상한 가지 끝에서
꽃을 피우는 나무예요.
모든 조건이 갖춰지지 않아도,
자신의 때를 기다리지 않고 존재를 드러내죠.
찬 바람에 흔들리면서도 꽃잎 하나하나가 마치
"그래도 괜찮아"라고 말하는 것 같아요.

완벽하지 않아도 괜찮다는 건
있는 그대로의 모습으로도 빛날 수 있다는 뜻이에요.

그건 게으름이나 타협이 아니라,
결핍을 품은 채로도 나를 미워하지 않겠다는 다짐이죠.
불완전함에 얽매여 있기만 하다면
스스로의 한계점을 정해두는 것과 같으니까요.

스스로 완벽해야만 무언가를 시작할 수 있다고 느꼈던 이유,
마음 한편에 여전히 '이래야 한다'는 기준이 남아 있었던 이유,
사실 주변의 시선을 너무 의식해서였어요.
다른 사람들의 눈에 괜찮아 보이기 위해
나를 자꾸 더 다듬고, 미루고, 숨기게 되었던 거죠.

홍매화는 그런 우리에게 속삭이는 것 같아요.
"지금 이 계절 그대로도 괜찮아.
주어진 조건 속에서 온전히 피워내면 돼."
우리의 삶도 완벽하지 않은 채로 충분히 의미가 있어요.
채워지지 않은 나도
누군가의 하루에 따뜻한 온기가 될 수 있으니까요.

오늘은 미뤄두었던 일을 '완벽하지 않아도 해보는 하루'로
만들어보세요.

모든 준비가 끝나야 움직일 수 있다고 느껴질 때,
홍매화의 가지를 떠올려보는 거예요.
잎 하나 없이도 꽃을 피운 용기가
지금의 당신에게도 분명히 머물러 있을 테니까요.

아직 서툴고, 조금 불완전해도 괜찮아요.
완벽하게 해내기보다, 작은 시도에 의미를 담아보는 거예요.
오늘의 마음으로 한 걸음 내딛는 일이
당신 안의 봄이 조용히 피어나는 순간이 될지도 모르잖아요?

홍매화가 잎 없이도 꽃을 피우듯,
우리도 불완전함 속에서 충분히 아름다울 수 있음을
잊지 말아요.

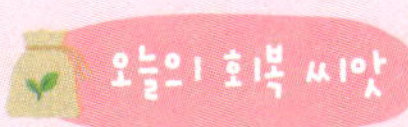

완벽하지 않아도 시작해보기

오늘 미뤄두었던 일들을 하나씩 정리해보세요.
끝낼 계획은 세우지 않아도 괜찮아요.
딱 5분만 손을 대보는 것으로 충분합니다.

중간에 멈춰도, 흐트러진 채로 남아도 괜찮아요.
오늘의 실천은 '잘 해내기'가 아니라
완벽하지 않아도 움직일 수 있는 나를 허락하는
일이에요.

홍매화는 잎보다 꽃이 먼저 피어, 추운 계절에도
자신만의 빛깔을 드러냅니다.
조건이 완벽히 갖춰지지 않아도 피어나는 용기가,
봄을 가장 먼저 불러오는 힘이 되어요.

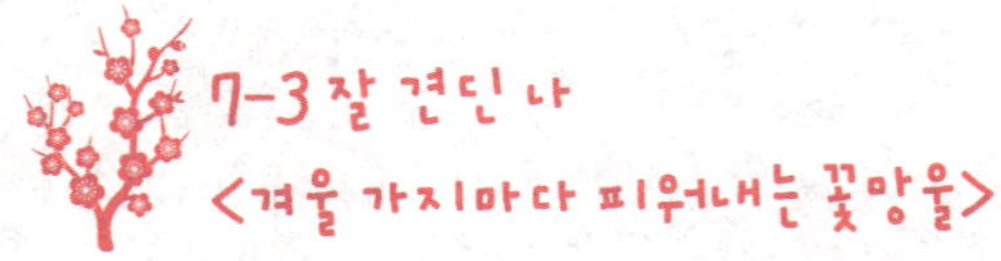

본래의 나를 되찾는다는 건 단순한 회복의 의미만이
아니었어요.
지쳐버린 체력처럼 소모되는 시간이었고,
한편으로는 다시 단단해지는 과정을 통과한
성장의 시간이기도 했죠.

누군가에게는 오롯이 잠들 수 있는 평안함을 되찾는 일,
또 누군가에게는 상처가 아물며 조금 더 단단해지는
일이었을 거예요.
각자의 속도와 방향으로 자신을 인정하기까지,
셀 수 없이 많은 오답을 적어 내려왔을테죠.

그리고 오답 속에서 어렵사리 찾아낸 한 줄기의 희망은
'정답이 정해지지 않아도 괜찮은 삶'의
아름다움이 담겨 있어요.

무언가를 번듯이 이루지 못한 날이면
하루 전체가 무의미하게 느껴지곤 해요.

하지만 겨울의 끝,
얼어붙은 가지마다 작은 꽃망울을 터뜨리는 홍매화를
떠올리며 생각이 달라졌어요.
찬 기운을 이겨내고 피어난 그 꽃은
끝이 아닌, 새 계절의 시작을 알리는 서막이었으니까요.

온 세상이 회색빛으로 잠긴 듯했지만,
유리창 너머로 본 홍매화는 눈발 사이에서도 선명히
피었거든요.
차가운 마음 속에 피어난 따듯함처럼요.

홍매화는 꽃을 피우기 위해
모든 양분을 가지 끝으로 모아요.
보이지 않는 뿌리 아래에서부터 오랜 시간 버텨온 힘이
결국 가장 차가운 계절에 가장 뜨거운 빛을 만들어내죠.

우리의 삶도 그렇지 않을까요.

잘한 나, 잘 견딘 나.

잘해내지 못한 나조차 사랑할 수 있는 내가 되기까지,

묵묵한 인내가 내 안에 단단히 뿌리내리고 있었을 거예요.

일요일 오후 고장난 노트북을 수리하고 나서,

파일을 하나씩 열어보니

지난해 열심히 달려온 흔적이 빽빽히 기록되어 있더라고요.

성취보다도 '버텨낸 나'의 시간이 거기 그대로 남아 있었어요.

버텨낸 시간 속에서도, 나는 여전히 자라고 있었던 거예요.

오늘도 꽃이 피어나듯,

내 마음도 천천히 계절을 지나고 있어요.

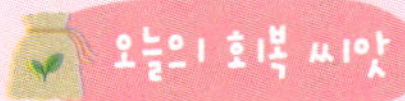

나에게 인사 남기기
오늘 하루를 견뎌낸 자신에게 한 문장으로
인사해보세요.
"오늘도 무너지지 않았던 나, 정말 수고했어."
짧은 인사가,
내일의 나를 피워낼 양분이 되어줄 거예요.

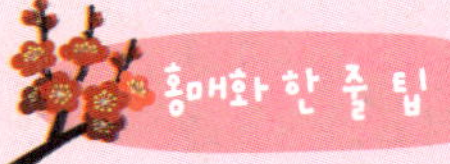

홍매화는 겨울의 가장 끝자락,
얼어붙은 가지 끝에서 꽃을 피워요.
보이지 않게 버텨온 뿌리의 힘이,
가장 차가운 계절에 가장 열렬한 시작을
만들어낸답니다.

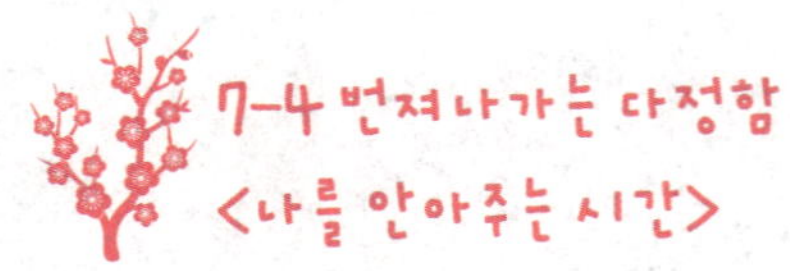

가끔은 내 마음을 스스로도 이해하기 어려울 때가 있어요.

그럴 때마다 홍매화의 향을 떠올려요.

피어 있는 순간의 향이 멀리 퍼져,

닿지 못한 곳까지 따듯함을 전하죠.

다정함도 그와 닮아 있어요.

누군가의 말 한마디에 쉽게 흔들리고,

괜찮다는 웃음 뒤로 금세 무너지는 마음.

그 마음을 억누르기보다, 그냥 있는 그대로 안아주는 일.

그것이 회복의 또 다른 시작이었어요.

홍매화는 한자리에 피어 있지만,

향은 머무르지 않고 바람을 타고 멀리 번져요.

꽃잎 하나가 가볍게 흔들릴 때마다

공기 속으로 스며들죠.

따뜻함이란 머물러 있는 것이 아니라
번지며 완성된다는 사실을 조용히 알려주는 듯해요.

가까이 있어도, 멀리 떨어져 있어도 깊은 향은 오래 남아요.
살포시 건넨 인사 한마디가,
한참이 지난 어느 날
누군가의 마음에서 따뜻하게 되살아나는 것처럼요.

내 마음도 그래요.
내 안에서 피어난 작은 온기가 바깥으로 번지는 일.
즉각적인 반응으로 돌아오지 않아도,
스스로에게 건넨 다정한 말 한마디는
나를 넘어 타인에게까지 이어져요.

결국 누군가를 향한 부드러운 시선이
언젠가 내게 되돌아와, 나를 단단하게 만드는 일과 연결돼요.
스스로를 대하는 방법을 조금씩 바꿔놓으니까요.

홍매화의 흐르는 향처럼 회복도 그렇게 시작해요.
스스로를 꾸짖던 목소리가 서서히 줄어들고,

"괜찮아.", "너무 애썼어.", "그럼에도 잘 하고 있어."
이 단순한 문장들이 담요처럼 하루를 덮어주죠.

오늘 하루, 당신의 마음이 머문 순간을 떠올려보세요.
향처럼 남은 다정한 기운이 있다면,
그 온기는 이미 누군가에게 번지고 있을지도 몰라요.

다정함은 스스로에게서 시작해 세상으로 퍼지는 회복의
온도예요.

오늘 하루, 나를 안아주었던 선택을 떠올려 보세요.
다정한 말이었을 수도 있고, 말 없이 쉬어주었던
선택일 수도 있어요.
그리고 잠시 그 여운에 머물러 봐요.
나에게서 시작해 천천히 퍼져나가는 포근함을
상상해 보는 거예요.

다정함은 특별한 재능이 아니라,
자신을 대하는 태도의 방향이에요.
오늘은 그 방향을 확인하는 것만으로 충분합니다.

홍매화 한 줄 팁

홍매화는 한자리에 피어 있지만, 그 향은 바람을
타고 멀리까지 번져요.

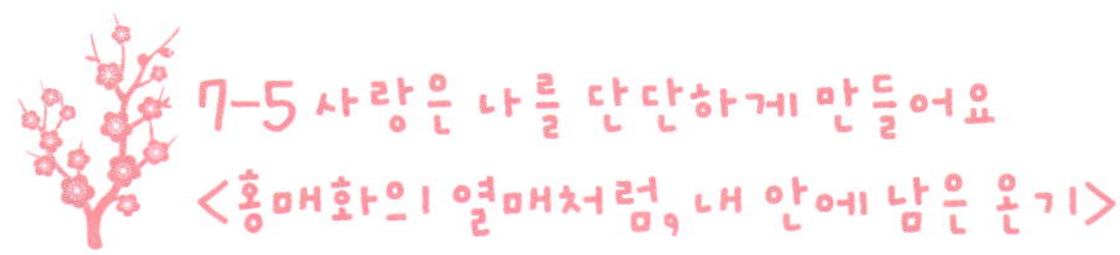

감정이 떠올랐을 때,

곧바로 꺼내지 못하고 멈칫할 때가 있어요.

누군가에게 마음을 내보이는 일은,

아직 덜 익은 열매를 조심스레 내밀어야 하는 일처럼 어렵죠.

상처받을까 봐, 혹은 받아들여지지 않을까 봐.

사랑이 모자라서가 아니라,

마음 속에 숨은 불안까지 함께 드러날까 봐 두려운 거예요.

두려움은 결국 '타인'보다 '나 자신'을 향한 믿음의 부족에서

시작돼요.

"이 마음을 건네도 괜찮을까?"

"내가 사랑받을 만한 사람일까?"

스스로에게 묻는 질문이죠.

홍매화는 봄이면 꽃을 피우고,

꽃잎이 떨어진 자리마다 작고 단단한 열매를 맺어요.
한 계절을 다 보내고도 여전히 남아 있는 열매 안에는
다음 계절의 생명이 자라고 있죠.

사랑도 그와 닮았어요.
순간의 설렘으로 끝나는 게 아니라,
감정이 잦아든 자리에서 천천히 익어가는 믿음이 되어 남아요.

한순간의 마음이 지나고 난 뒤,
남겨진 온기는 우리 안에서
'다시 피어날 수 있다는 확신'으로 자라요.
사랑이 주는 단단함은 누군가가 나를 선택해주는 일에서
오는 게 아니라, 무너져도 다시 일어날 수 있는 나 자신을
믿게 되는 데서 비롯되죠.
사랑이란 결국 타인을 통해 나를 배우는 과정이니까요.

한철 피고 져버린듯한 꽃은
열매를 맺기 위한 준비였다는 걸 홍매화를 보고 알았어요.
나를 단단하게 세우는 또 하나의 성장 방식을 배운 셈이죠.

오늘 하루 중,

내가 나를 다정하게 대했던 순간을 떠올려보세요.

타인을 향하던 마음을 잠시 내 쪽으로도 돌려보는 거예요.

돌아온 온기가 나에게 닿을 때,

사랑은 방향을 잃지 않고 다시 세상으로 흘러가요.

타인을 향한 마음일 수도,

스스로를 지켜낸 용기일 수도 있어요.

어떤 형태이든, 사랑은 당신을 더 단단하게 만들어 줄 거예요.

지켜낸 단단함은 벽이 아니라,

바람이 스며드는 나무껍질 같아요.

때로는 흔들리고 부서지더라도,

여전히 따뜻한 생명이 흐르고 있으니까요.

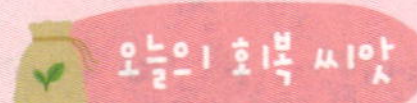

나에게 돌린 다정함 발견하기

내가 나를 조금이라도 배려했던 순간을 떠올려
보세요.
쉬어도 된다고 허락했던 순간,
무리하지 않기로 선택했던 결정도 괜찮아요.
마지막 문장은 이렇게 적어볼 거예요.
"오늘 내가 나를 다정하게 대했던 순간."

이 기록은
타인에게만 향하던 마음이
이미 나에게도 돌아오고 있다는 신호예요.

홍매화는 꽃이 진 뒤에도 작은 열매를 맺으며
계절을 이어가요.
사라진 듯 보이는 자리에서도, 생명은 조용히 다음
봄을 준비해요.

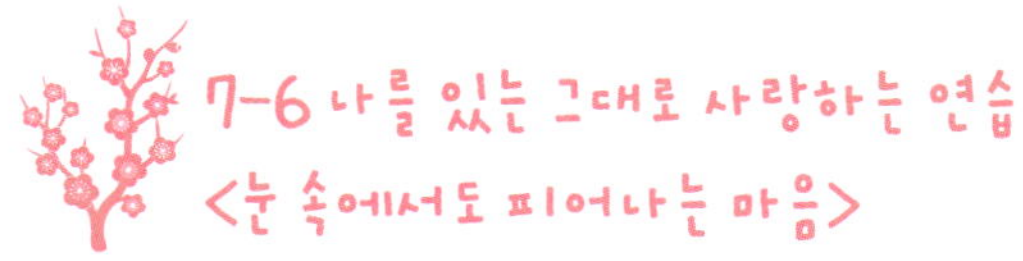

누군가를 위로할 여유도, 스스로를 다독일 힘도 부족한 날.
차가운 공기 속에 오래 서 있다 보면,
마음의 체온도 서서히 식어가는 것 같죠.

홍매화는 눈이 내리는 날에도 꽃봉오리를 품고 있어요.
하얀 눈 사이로 번지는 분홍빛이
차가운 공기를 맞으면서도 따뜻함을 잃지 않게 해줘요.
얼어붙은 마음 속
꺼지지 않는 내면의 온도 같았어요.

차갑기만 한 계절에도 스스로를 데우는 힘을 잃지 않는,
강인함의 상징처럼.

외부의 온기가 사라져도,
내 안의 따뜻함까지 완전히 사라지는 건 아니니까요.

다만 그 온기를 잠시 잊고 지낼 뿐이에요.

사랑은 거창한 감정이 아니라,
하루를 무사히 지나게 하는 작은 온기에서 시작돼요.
누군가를 위해 애쓴 마음,
스스로를 꾸짖지 않은 하루,
조용히 흘려보낸 눈물조차
모두 나를 지켜낸 다정한 온도의 기록이죠.

홍매화는 눈이 내리는 날에도 꽃봉오리를 품고 있어요.
작은 불씨와 같지만
꽃잎이 피어나기엔 충분한 따듯함이에요.

완벽하지 않아도 괜찮아요.
조금씩 나를 데워가며
결국 삶을 이어가게 해줄 테니까요.

오늘 하루 중, 내가 나를 지켜준 마음을 떠올려보세요.
누군가의 시선이나 평가가 아니라,
내가 내 편이 되어준 순간을요.

그 마음이 내일의 나를 피워낼 가장 단단한 뿌리가 되어줄
거예요.

그렇게 스스로를 지켜낸 온기는
어느새 타인에게 닿는 다정함이 되어 흘러가요.
내가 내 마음을 잘 돌본 하루는
누군가의 마음을 덮는 작은 온도로 남아요.
회복은 혼자에게서 끝나는 일이 아니라,
또 다른 마음으로 이어지는 따뜻한 순환이에요.

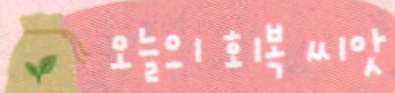

내가 내 편이었던 순간 적기

누군가의 기준 대신
내 마음을 먼저 선택했던 순간을 떠올려 보세요.

작은 선택이어도 괜찮아요.
"오늘 내가 나를 지켜준 일."
이 기록은 나를 사랑한다는 말보다 먼저,
내가 이미 내 편으로 살아가고 있다는 확신이
되어줄 거예요.

홍매화는 눈 속에서도 피어나며, 꽃봉오리를
보호하기 위해 스스로 온기를 품어요.
외부의 추위 속에서도, 그 온기는 봄을 향해
자라난답니다.

나를 있는 그대로 안아주는 기록의 시간

① 잘한 일 한 가지 남기기

하루를 마치며, 오늘 내가 해낸 일 하나를 적어보세요.

아주 사소해도 괜찮아요.

"버텼다", "멈출 줄 알았다", "나를 챙겼다"도 충분합니다.

② 다정한 말 한 줄 건네기

오늘의 나에게 한 문장을 남겨보세요.

"그래도 잘했어."

"이 정도면 충분해."

오늘을 마무리하는 따듯한 기운이 됩니다.

③ 남아 있는 온기 표시하기

기록한 문장 옆에 작은 표시를 해보세요.

동그라미 하나, 밑줄 하나면 충분해요.

온기가 쉽게 사라지지 않도록, 조용히 남겨두는 연습입니다.

- 오늘 하루를 지나오며, 내가 나를 지켜낸 순간은
  언제였나요?

- 오늘의 나에게 "괜찮다"고 말해주고 싶은 이유는
  무엇인가요?

→ 홍매화가 꽃이 진 뒤에도 열매를 남기듯,
  하루의 끝에 남긴 한 줄은 내일의 나를 지탱하는 작은
  확신이 됩니다.